Horst Hieble

Ein Weihnachtslied erobert die Welt

Historische Spurensuche rund um
Franz Xaver Gruber, Joseph Mohr
und ihr weltberühmtes Weihnachtslied

Burger Wiesen und Felder
Laufen
Salzach
Salzer Felder.

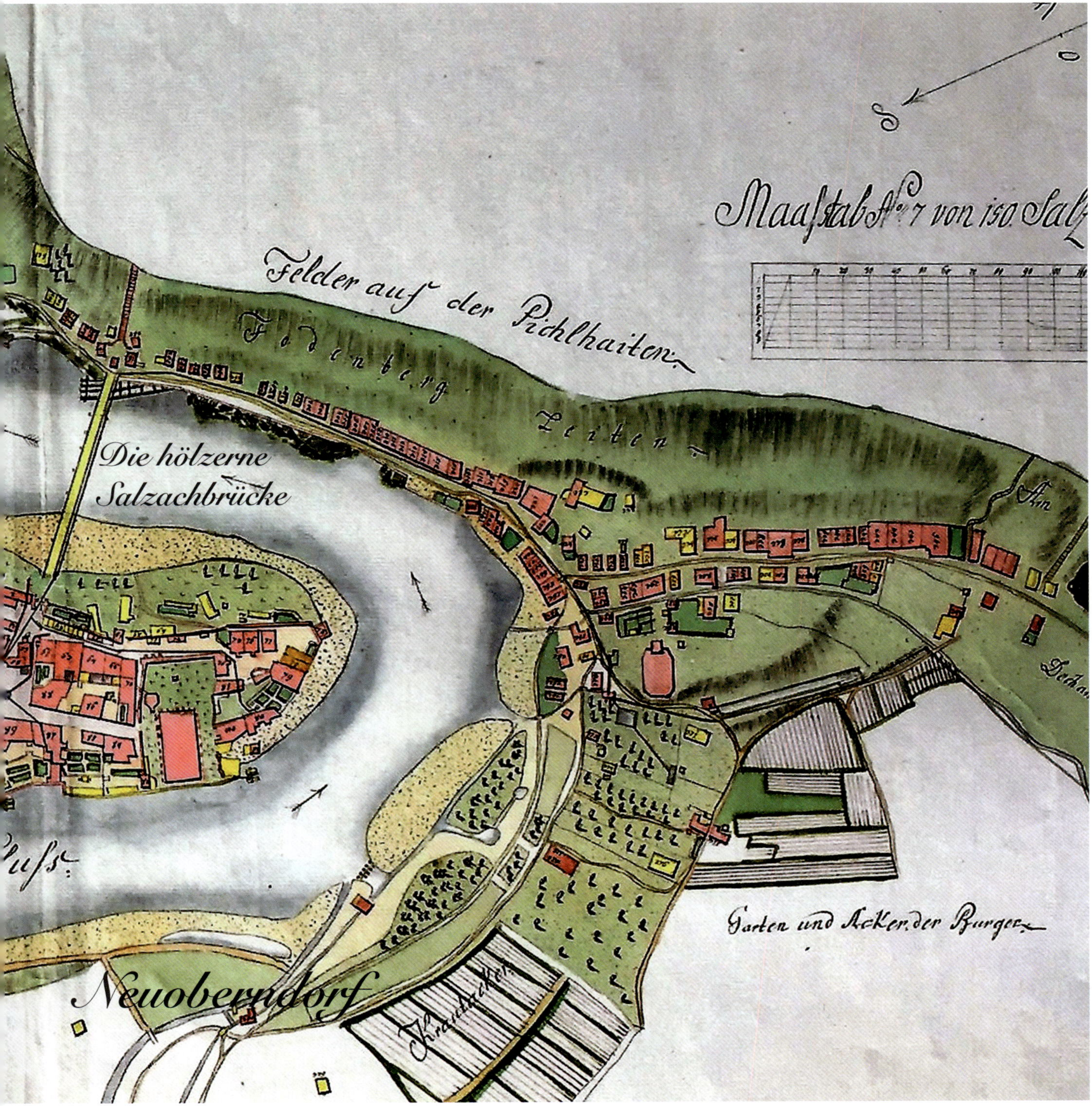
Felder auf der Pichlhaiten
Die hölzerne
Salzachbrücke
Neuoberndorf
Garten und Acker der Burger

Stille Nacht

Impressum:

Idee, Redaktion	Zeitdokumente Horst Hieble
Autor, Gestaltung, Fotos, Text und ©	Horst Hieble, Simone Hieble-Edelmann Mühlengassl 1, 83410 Laufen hieble@t-online.de
Grafische Beratung	Günther Veichtlbauer
Redaktionelle Mitarbeit und Lektorat	Elisabeth Strassert, Laufen

Quellenangabe und © wie angegeben und soweit bekannt:

- Zeitdokumente Horst Hieble
- Archiv Herbert Lämmermayer † Oberndorf
- Familienchronik Lehrer Heinrich Zeller † 1886-1908 Oberndorf
- Prof. Herta Broneder anlässlich Weihnacht 1968,150 Jahre Stille-Nacht-Lied, Aufsatz zur Sonderpostmarke
- Werbeblatt des Vereines für Heimatschutz im Lande Salzburg
- „Stille Nacht“, Legende von Stockklausner †
- „Die stille, die heilige Nacht“ Alexis Steiner
- „Stille Nacht, heilige Nacht“ Luis Grundner
- „Stille Nacht, heilige Nacht“ Dr. Max Gehmacher
- Dr. Josef Gassner †
- Berta Meisthuber †

ISBN: 978-3-00-059404-5

Inhaltsverzeichnis

Inhaltsverzeichnis

Inhaltsverzeichnis

Inhaltsverzeichnis

Zur Person des Autors Horst Hieble

(von Simone Hieble-Edelmann)

Horst Hieble, Jahrgang 1941, hat sich als Stadthistoriker von Laufen an der Salzach einen Namen gemacht. Sein mit ca. 50.000 Bild- und Zeitdokumenten bestücktes Privatarchiv „Zeitdokumente Horst Hieble“ wurde bereits zur Grundlage einer Reihe von Publikationen. Unter anderem erschien im Weltbild-Verlag der zauberhafte Band „Nostalgische Grüße“, die schönsten Glückwünsche für alle Gelegenheiten, für den er aus seinem Archiv mit alten Ansichtskarten aus dem Vollen schöpfte. Es folgten Bücher wie: „Ein lebendiger Spaziergang durch Laufen“, „Laufen und Oberndorf auf alten Ansichten“, Postkartenbücher wie „Weihnachtsglückwünsche“ und „Viel Glück im Neuen Jahr“, ferner geschichtliche Beiträge in verschiedenen Heften und Zeitungen.

Seine großformatigen Bild- und Textbände über das Thema „100 Jahre Salzachbrücke“ im Querformat aufgeschlagen und damit 60 cm breit, erlangten im Jahr 2003 die Aufmerksamkeit der Deutschen wie der Österreichischen Post. Hieble stand Pate für die gleichgestaltete Sonderbriefmarke in beiden Ländern. Die Auflage lag alleine in Deutschland bei 300 Millionen Stück, eine Würdigung, die wohl einmalig sein dürfte in der deutschen Philatelie.
Weil er nur wenige hundert Meter von jenem Ort entfernt lebt, an dem das Lied „Stille Nacht“ zum ersten Mal erklang und ein Kenner der lokalen Verhältnisse ist, ist Hieble geradezu prädestiniert, sich mit der 200-jährigen Geschichte des Weihnachtsliedes zu befassen. Dabei kann er auf Quellen zurückgreifen, die anderen Autoren verschlossen blieben.

Eingebettet in das Zeitkolorit eines österreichisch-bayerischen Marktfleckens zu Beginn des 19. Jahrhunderts beschreibt der Autor das Leben der kleinen Leute und wie sich die Lebenslinien der Schöpfer des Liedes, des Textdichters Joseph Mohr und des Komponisten Franz Xaver Gruber, kreuzten.
Hieble nimmt den Leser mit auf eine faszinierende Zeitreise, die nicht auf Oberndorf und das Jahr 1818 beschränkt bleibt: Südtirol, Wien, Salzburg, Leipzig, Berlin und sogar New York sind wichtige Stationen in der aufregenden Geschichte dieses Liedes.

Aufgrund des Bekanntheitsgrades des Stille-Nacht-Liedes ist eine Übersetzung des vorliegenden Buches in andere Sprachen denkbar. Denn Amerikaner und Japaner haben, nach Beobachtungen des Autors, den höchsten Besucheranteil im Stille-Nacht-Bezirk Oberndorf sowie in den Stille-Nacht-Gemeinden.

Vorwort des Autors

Seit 200 Jahren ranken sich Mythen und Legenden um die Entstehung und Verbreitung eines schlichten Liedes, das zur Weihnachtszeit weltweit in aller Munde ist. In 320 Sprachen und Dialekte tradiert und seit 1905 auf unzählige Tonträger gepresst wurde „Stille Nacht“ zu einer sehr bekannten Komposition der Kulturgeschichte. Dabei ist es eigentlich nur ein Zufall, dass dieses Lied und seine Schöpfer nicht heimlich, still und leise in Vergessenheit gerieten. Man kennt die Geschichte der beschädigten und nicht funktionstüchtigen Orgel in der Oberndorfer St.-Nikola-Kirche, für die das Lied 1818, nur von einer Gitarre begleitet, herhalten musste. Aber schon ein Jahr nach seiner Uraufführung waren der Komponist Franz Xaver Gruber und der Textdichter Joseph Mohr zunächst vergessen.

Hier setze ich mit meinen Recherchen ein. Meine Heimat liegt nur wenige hundert Meter von der Stelle, wo „Stille Nacht“ zum ersten Mal erklang, deshalb war es mir ein persönliches Anliegen, Licht ins Dunkel der zahlreichen Mythen und Legenden zu bringen. Mit viel Liebe zur Sache habe ich auf meiner Spurensuche zahlreiche lokale Zeitungsarchive und Bibliotheken durchforstet. Daneben konnte ich auf mein eigenes Archiv „Zeitdokumente Horst Hieble“ mit über 30.000 Bildträgern und Dokumenten zurückgreifen. Mit seltenen Farbpostkarten aus der Zeit und alten Fotografien und Dokumenten konnte ich das Buchprojekt anschaulich illustrieren.

Die Fakten sind in meinen Augen lesenswerter als jede erfundene Geschichte, denn sie sind tragisch und freudvoll zugleich, geprägt von bitterer Armut, von Glück und Neid, Friedfertigkeit und Krieg und nicht zuletzt dem Eigensinn und Geltungsbedürfnis kirchlicher Würdenträger. Die historisch belegte Geschichte von „Stille Nacht“ beginnt mit einem „Diebstahl“: Karl Mauracher, Orgelbauer aus Fügen in Tirol, war 1818 mit der Reparatur der Oberndorfer Orgel beauftragt. Er nahm nach erfolgreicher Arbeit die Noten des „Stille-Nacht-Liedes“ einfach mit. Ob sie irgendwo herumlagen oder ob Mohr oder Gruber ihm die Erlaubnis erteilt hatten, ist nicht mehr zu verifizieren.

Tatsache ist: Die originale Notenschrift, die weder den Texter noch den Komponisten nannte, war fortan verschwunden. Mauracher überließ die Noten einem heimischen Gesangsquartett, welches das Material an eine andere Sängerschaft, die Geschwister Straßer, weiterreichte. Amalia, Lina, Anderl und Peperl verdienten ihr karges Brot, indem sie auf Weihnachtsmärkten selbstgestrickte Socken verkauften und nebenbei als Sänger auftraten. Zum Beispiel in Leipzig. Schon der erste Auftritt wurde schicksalhaft für das sechsstrophige Lied: Die Zuhörer wollten es wieder und wieder hören. Das berichtete sogar die Leipziger Zeitung.

Der Ruhm von „Stille Nacht“ schallte schließlich bis nach Berlin und erreichte seinen Höhepunkt bei einem Auftritt der Geschwister Straßer vor dem Preußenkönig Wilhelm IV. Das „Tiroler Lied“, wie es damals hieß, nannte der König fortan sein Lieblingslied. Allerdings konnte ihm niemand den Dichter des Textes oder den Komponisten nennen. Ein Abgesandter der Hofkapelle, den König Wilhelm nach Österreich schickte, kam mit der Antwort zurück: „Angeblich von Michael Haydn.“ Das war von dem Abgesandten jedoch frei erfunden, denn selbst im Stift St. Peter konnte ihm niemand weiterhelfen; und das sollte nicht die einzige Erfindung um das populäre Lied bleiben.

Bei meinen Recherchen stieß ich auf viele, bisher unbekannte Details und setzte sie zu einem facettenreichen Mosaik zusammen, das Sie als Leser hoffentlich genauso fasziniert wie mich. Mit der Biographie des Textdichters und Pfarrers Mohr erhalten Sie einen tiefgründigen Einblick in das Leben einfacher und armer Leute um 1800. Dieses Leben nimmt wie jenes des Komponisten Gruber einen breiten Raum ein und beruht auf neuesten Erkenntnissen.

Was etwa den Pfarrer Mohr betrifft, so war er das uneheliche Kind einer Frau, die einen „sittenlosen Lebenswandel“ führte. Ihre drei unehelichen Kinder hatten drei verschiedene Väter. In den Salzburger Akten von 1795-1804 wird Mohrs Mutter mit den Worten zitiert: „Ich habe wegen diesem Verbrechen die Geldstrafe erlegt“. Josephs Taufpate war der Scharfrichter und Abdecker Franz Joseph Wohlmut. Der Taufpate war jedoch bei der Taufe seines Schützlings nicht anwesend, „wegen seines Handwerks“. Wohlmut besaß in der Salzburger Herrengasse 28 eine Zweitwohnung, gleich neben dem Freudenhaus. Vom Textdichter Joseph Mohr gibt es übrigens kein authentisches Bild, obwohl viele später erstellte Gemälde in Umlauf sind. Das Bedürfnis, dem Textdichter von „Stille Nacht“ ein Gesicht zu geben, trieb dabei seltsame Blüten: 64 Jahre nach Mohrs Tod, 1912, ließ der Bildhauer Joseph Mühlbacher, der auch Pfarrer war, gar den Schädel Mohrs exhumieren, um ihn als Vorlage für ein Denkmal zu verwenden. Im Buch werden Sie erfahren, was mit dem Mohr-Schädel weiter geschah.

Die heutige Gedenkstätte, die Stille-Nacht-Kapelle, steht an demselben Ort, an dem sich die alte St.-Nikola-Kirche befand. In dieser erklang zum ersten Mal das heute weltbekannte Weihnachtslied. Warum die alte Kirche abgerissen wurde, bleibt bis heute mysteriös, und das ist eine eigene Geschichte innerhalb dieses Buches.
Mit sorgfältig recherchierten Einzelheiten und dem Spürsinn für das Ungewöhnliche möchte ich dieses Buch für Sie einmalig machen. Dabei erwartet Sie kein weiteres „entzückendes Weihnachtsmärchen“; bei aller historischen Akribie will ich dennoch nicht an einem Denkmal kratzen. Lesen Sie nun:

Eine historische Spurensuche rund um Franz Xaver Gruber, Joseph Mohr und ihr weltberühmtes Weihnachtslied.

1. Kapitel: Die Zeit, bevor das Lied „Stille Nacht“ entstand

Die Entstehung von „Stille Nacht“ fällt in eine sehr schwierige Zeit. Die Napoleonischen Kriege waren zu Ende gegangen und Europa hatte auf dem Wiener Kongress eine Neuordnung erfahren.

Die Konferenz tagte seit dem 18. September 1814 und fand mit der Ratifikation am 9. Juni 1815 ihren Abschluss.
So saßen sie wohl nie alle zusammen: Der französische Maler Eugène Isabey arrangierte das offizielle Bild des Wiener Kongresses für die Nachwelt.

Im Zuge dieser Ereignisse erfuhr das geistliche Fürstentum Salzburg, das seine Selbstständigkeit schon vorher durch die Säkularisation verloren hatte, eine weitere Veränderung: Ein Teil Salzburgs kam 1816 zu Bayern und der größere Teil zu Österreich. Ein Gebiet, das jahrhundertelang zum Fürsterzbistum Salzburg gehört hatte, wurde 1816 durch den „Münchener Vertrag“ geteilt. Salzburg verlor einen Teil seines Hinterlandes, der heutige Rupertiwinkel seinen geistlichen und weltlichen Mittelpunkt. Besonders hart traf es Laufen-Oberndorf; hier verlief die neue Grenze nun mitten durch den Ort: Ein Vorgang, der in seiner Drastik eigentlich nur mit der Errichtung der Berliner Mauer zu vergleichen ist. Da die Salzach zur Staatsgrenze wurde, schlug sie den Uraufführungsort von „Stille Nacht“, Oberndorf bei Salzburg, in zwei Teile. Oberndorf wurde von seinem Stadtzentrum in Laufen (heute Bayern) getrennt.
Das Schicksal meinte es nach den politischen Wirren und kriegerischen Auseinandersetzungen der napoleonischen Kriege nicht gut mit den Bewohnern des Landstriches im Norden und Westen Salzburgs. Vor 1816 hatte die gesamte Region „Salzburger Flachgau“ geheißen und war eine Einheit gewesen. Noch von 1810-1816 war das gesamte Fürsterzbistum Salzburg, inklusive seines kompletten Hinterlandes, dem Königreich Bayern einverleibt worden. Doch die Zeit von Salzburg bei Bayern dauerte nur sechs Jahre. Not, Elend, Krieg, Trennung: 200 Jahre ist es jetzt her, dass die Salzach zur Grenze wurde, Familien und Freunde von heute auf morgen auseinandergerissen wurden. 1816 wurde Laufen an der Salzach, vormals die drittgrößte Stadt des Fürsterzbistums Salzburg, in der Mitte geteilt, mit der Salzach als nasser Grenze. Die Patrizierstadt Laufen fiel an Bayern, ihre Schiffervororte Oberndorf und Altach verblieben bei Salzburg und kamen somit zu Österreich. Der Niedergang der Salzschifffahrt, die neue Bahn in den Osten der Monarchie hatten im Verbund mit der neuen – unnatürlichen – Grenzziehung verheerende Auswirkungen, zusammen mit dem „Jahr ohne Sommer“ (1816).

Die Neuordnung der Pflegegerichte nach 1816/18

Die Neuordnung der Pflegegerichte1816/18 brachte einen Umbruch in allen Belangen und betraf die Menschen in dieser Region. Vor allem war die Stadt Laufen mit ihrem Vorort Oberndorf an die Ränder ihrer Verwaltungszentren gedrängt worden. Die Verwaltungsregionen wurden neu eingeteilt.

Gebietsabgrenzungskarte:
Rupertiwinkel als Teil des Erzstifts Salzburg
(Historische Karte aus dem 18. Jahrhundert)

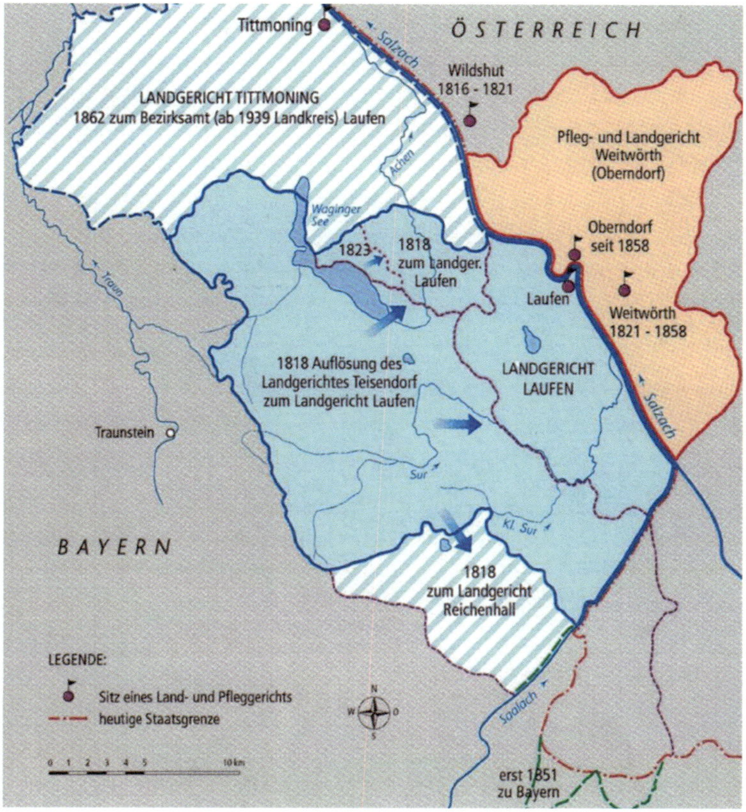

Die Neuformation der Landgerichte in der
Umgebung von Laufen nach 1816/18
(Karte aus dem Euregio-Geschichtsbuch)

Das Jahr 1816: „Ein Sommer, der ein Winter war“

Es war eine Zeit, dass Gott erbarm.
Als wochenlang das Tageslicht wegblieb und mitten im Juli Schnee fiel, als es zur Sommerzeit kalt wurde wie im Winter, die Brunnen einfroren, die Vögel nicht mehr sangen und die Blumen nicht mehr blühten, als das Getreide auf den Feldern kaum höher wuchs als ein Löwenzahn, da ging in dem Marktflecken Oberndorf die Angst um wie überall im Land. „Das ist das Ende der Welt“, sagten die gottesfürchtigen Oberndorfer, „gerade so, wie es Johannes in der Geheimen Offenbarung prophezeit hat“, und sie zündeten tagsüber Kerzen an in ihren klammen Stuben. Nur selten verließen sie ihre Häuser, denn wenn es nicht schneite oder hagelte, dann regnete es. Nur 19 Tage zwischen April und September blieben regenfrei, und schließlich trat die Salzach über die Ufer. An den wenigen Tagen ohne Regen bevölkerten die Oberndorfer die aufgeweichten Straßen, um sich mit dem Nötigsten einzudecken: Hungerwecken, aus Kleie gebacken mit ein bisschen Mehl und gestreckt mit Sägespänen, oder mit getrocknetem Moos zum Braten mit ein wenig Fett, oder mit gemahlenen Eicheln als Kaffeeersatz. Viele suchten den Weg zur Pfarrkirche St. Nikola. Dort drängten sie sich vor dem Beichtstuhl, um Vergebung zu finden von ihren Sünden. Selbst die Frommen wollten jedoch nicht mehr von der Zeitrechnung reden, die mit der Geburt des Herrn ihren Anfang nahm. Mit beißendem Spott nannten sie die schrecklichen Jahre “Achtzehnhundert-und-erfroren“.

Benedikt Pillwein war ein österr. Jurist, Autor und Landeskundler, der einzige Redakteur der wöchentlichen Ausgabe der „Salzburger Zeitung“.

Benedikt Pillwein, der sich in der Vergangenheit durch erbauliche Schriften, wie „Geschichte des Heilandes...“ ausgezeichnet hatte, schrieb: An einem dieser düsteren Tage erschien im nahen Salzburg die wöchentliche Ausgabe der „Salzburger Zeitung“ mit einer Nachricht, die sich in Windeseile über das Land verbreitet hatte: Am 10. April 1815 habe sich auf einer Insel östlich von Java eine Naturkatastrophe unvorstellbaren Ausmaßes zugetragen. Der 4.300 Meter hohe Vulkan Tambora sei explodiert. Als er nach sieben Tagen zur Ruhe kam, sei er nur noch 2.900 Meter hoch gewesen. 10.000 Menschen hätten dabei den Tod gefunden, 60.000 weitere seien an den Spätfolgen gestorben. Eine solche Katastrophe ereigne sich nur alle tausend Jahre. Und es sei die von dem Vulkan ausgestoßene Lava, die jetzt über dem Salzburger Land den Himmel verfinstere.

Das Jahr 1816: Die Naturkatastrophe

Die Kenntnis der Ursache für die Naturkatastrophe mochte die Gemüter vorübergehend beruhigen. Es änderte aber nichts an der Armut und dem Hunger. Es zog sich ein Schleier aus Staub, Asche und Schwefel über die Erde. Ein Chronist berichtet: „In ihrer Not haben die Menschen ihre Zugtiere geschlachtet und die Saatkartoffeln wieder ausgegraben." Man habe, heißt es an anderer Stelle, die unnatürlichsten Sachen verzehrt, um seinen Heißhunger zu stillen. Wie Schafe hätten hungernde Kinder in den Bergen auf den Wiesen geweidet und sich von Blümchen ernährt. Kein Wunder, dass die Kindersterblichkeit über die Maßen zunahm und die Bevölkerungszahl überall zurückging. In Salzburg lebten nur noch 8.000 Menschen. Oberndorf zählte während der Hungerjahre kaum einige hundert Einwohner. Zum Vergleich die heutigen Zahlen: Salzburg hat rund 158.000 und Oberndorf 6.000 Einwohner.

Der Vulkan Tambora explodierte am 10.04.1815 und schleuderte riesige Mengen Asche in die Atmosphäre. In der Folge änderte sich 1816 weltweit das Klima, es war „das Jahr ohne Sommer".

Ausbruch des Vulkans Tambora

Gemälde von Emilie Eisenhut, Fünfkirchen am 22. Februar 1827

Zur Erinnerung an diese Zeit wurden in Deutschland mancherorts sogenannte Hungertaler geprägt; auch andere Formen von Erinnerungsstücken sind bekannt.

Indirekte Folgen des Vulkanausbruchs
Reformen und Entwicklungen

Die Hungersnot von 1817 war Anlass für verschiedene Maßnahmen zur Förderung der Landwirtschaft, darüber hinaus auch für Organisationsreformen im staatlichen Bereich, die auch im Zusammenhang von Restauration und Verfassungsdiskussion zu sehen sind, sowie für die Stiftung karitativer Organisationen.

In Bayern hatte die Krise wesentlichen Anteil an der Entlassung von Minister Maximilian von Montgelas im Jahr 1817, und die bislang unterdrückte Volksfrömmigkeit blühte auf. In Scharen pilgerte man nach Altötting, und Bittgottesdienste für eine gute Ernte wurden nun sogar von der Obrigkeit angeordnet. In acht Monaten wurden über 60.000 Laib Brot und 45.000 Portionen der Rumfordsuppe kostenlos bzw. verbilligt ausgegeben. Auch König Max Joseph kostete im April 1817 die Rumfordsuppe in einer Münchner Suppenküche und ließ verkünden, er habe sie regelrecht genossen. Die einfachste Rumfordsuppe besteht lediglich aus Graupen und Erbsen, die in Wasser über Stunden gekocht werden, bis eine sämige, dicke Suppe entsteht. Gewürzt wird sie mit Salz und Bieressig (Zeitgenössisches Rezept von 1810 für Rumford-Suppe, Kochbuch der Sophia Juliana Weiler, Augsburg). Diese Suppe konnte im Arbeitshaus in der Münchener Au für drei Pfennige pro Portion hergestellt werden.

Der Chemiker Justus von Liebig wurde durch die Erinnerung an die Hungersnöte zu seinen Untersuchungen über die Bedingungen des Pflanzenwachstums angeregt. Dazu führte er die Mineraldüngung ein, die zu einer Steigerung der Erträge der Landwirtschaft führte.

Auch die Entwicklung der Draisine, des Ur-Fahrrades, geht auf das Pferdesterben infolge der Futtermittelknappheit 1816/17 nach der Tambora-Eruption zurück.

In den Vereinigten Staaten bewogen Missernten viele Farmersfamilien aus Neuengland und anderen Küstenstaaten, in den Nordwesten an die Frontier zu ziehen, so dass innerhalb weniger Jahre die Staaten Ohio, Indiana und Illinois besiedelt wurden.

Tausende der zusätzlich noch unter den Folgen der Napoleonischen Kriege leidenden Europäer wanderten schließlich in die Vereinigten Staaten von Amerika aus. Im südwestdeutschen Raum kam es zu Auswanderungen, insbesondere aus Württemberg, wo 1816 das Auswanderungsverbot aufgehoben worden war. Nachdem Werber der russischen Krone Auswanderungswillige eingeladen hatten, fand die Auswanderungswelle nach Südrussland, zum Beispiel nach Bessarabien, ihren Höhepunkt um 1817/18.

Jahrzehntelang nach dem Vulkanausbruch kam es zu merklichen Veränderungen im Tageslicht. Besonders ausgeprägt war dies abends und morgens, da die Sonnenstrahlen dann auf ihrem langen Weg durch die Atmosphäre auf erheblich mehr Schmutzpartikel stießen.

2. Kapitel: Lebenslauf
Der Textdichter Joseph Mohr und sein Leben

**11.12.1792 in Salzburg (Österreich)*

† 04.12.1848 in Wagrain (Österreich)

Salzburg, 11. Dezember 1792: Aus dem 500 Jahre alten Haus in der Salzburger Steingasse 9 hörte man Schreie. Die Stadthebamme Wallner eilte über die steinerne Eingangstreppe in den zweiten Stock, wo Anna Schoiber in den Wehen lag. Es war nicht das erste Kind, das Anna zur Welt brachte und auch nicht das letzte, welches ohne Vater geboren wurde. Zwei Tage später wurde in das Salzburger Taufregister eingetragen:
„Geburt: um 12 Uhr mittags, Taufe: 4 Uhr nachmittags. Name: Josephus, Franziscus, fil.Illeg.
Vater: Soldat Franz Mohr, Mutter: Anna Schoiberin, Salzeinzählerstochter, 36 jährig unehelich.
Großvater: Johann Mohr aus Stranach in der Pfarre Mariapfarr."

Unter diesen Umständen schien das Schicksal des Knäbleins vorgezeichnet: Ein Leben in bitterer Armut, geächtet von Kirche und Gesellschaft. Und doch kam es anders.
Josephs Großmutter und seine Mutter Anna wohnten gemeinsam in der bescheidenen Wohnung im damaligen Steinviertel. Die engen Häuser drückten sich an den Kapuzinerberg, waren schier eins mit dem Fels und der Kälte der Steine.
Die Eheleute Schoiber hatten zwei Kinder, die Tochter Anna und den Sohn Michael. Anna war ledig geblieben und wohnte bei der Mutter in Salzburg. Michael hatte eine herumziehende Komödiantin geheiratet und zog mit den Schaustellern umher. Maria Schoiber war nach dem Tode ihres Mannes von Hallein nach Salzburg übersiedelt und verdiente sich ihren Lebensunterhalt mit Strickarbeiten. Die Witwe lebte mit ihrer damals 36-jährigen Tochter Anna Schoiber und deren zwei ledigen Kindern zusammen, der siebenjährigen Klara Gregg und dem eineinhalbjährigen Josef Mohr. Annas drittes Kind war damals schon gestorben. Die Kinder trugen nach damaliger Sitte die Schreibnamen ihrer Väter.

Mohrs Mutter Anna Schoiber mit Familie

Anna war wie ihre Mutter Strickerin. Die siebenjährige Theresia Schoiber, Tochter des Michael, lebte ebenfalls in der dürftigen Wohnung. Sie ist in den Aufzeichnungen der Volkszählung als „Zuchtmädl“ angegeben. Der Mutter Schoiber bereitete der unsittliche Lebenswandel ihrer Tochter Anna sicherlich Kummer. Im Grunde war es vor allem die bittere Armut. Es fehlte am Nötigsten. Anna hatte stets wechselnde Beziehungen zu Männern. Es fehlte das Glück, geheiratet und ehrsame Bürgersfrau zu werden.

Das Fornikationsprotokoll aus den Jahren 1795-1804 der Stadt Salzburg enthält folgende Eintragungen über Anna Schoiber:

„Was ich am Mönchsberg, fleischlich verbrochen habe und schwanger sey, dies ist mein Verbrechen.“
Aus dem Protokoll vom 3. Jänner 1796: „Ich, Anna Schoiberin von Hallein geb. Salzeintragerstocher, 38 Jahre alt und durch 32 Jahre hier, ledig, ernähre mich mit Handarbeit und mit Inngelegen, zeige mich an, dass mit dem Felix Dreithaler, Tagwerker allhier, vier Wochen vor Jakobi v.J. das erste mal geschah vor 29 Jahren mit dem Soldaten Leopold Gönnbacher, der nun im Felde steht; das Kind, ein Knabe, ist gestorben. Das zweite, es geschah vor 13 Jahren mit Peter Paul Gregg, hochfürstl. Kammerdiener. Dieses Kind, ein Madl, lebt und wird von ihrem Vater erhalten. Ich habe wegen diesem Verbrechen die Geldstrafe erlegt. Das dritte Verbrechen geschah vor 3 Jahren mit dem Soldaten Johann Mohr, der von hier desertierte. Das Kind, ein Knabe, lebt und hat von gemeinen Almosen wöchentlich 30 Kreuzer. Ich bin wegen meinem dritten Verbrechen noch nicht abgestraft.“

Das Protokoll ist mit dem Vermerk versehen:
„Worauf sie mit Vorbehalt der Strafe entlassen wurde.“ Josef Mohr, der im Protokoll als drittes Kind der Anna Schoiberin angegeben ist, wurde aber durch öffentliche Almosen unterstützt.
Joseph Mohrs Vater stammte aus einer alteingesessenen Bauernfamilie und wurde am 19. September 1764 in der Scharglkeusche in Stranach geboren.
Dass die Mutter ihr uneheliches „Vergehen“ gestehen musste, zeigt die ganze Erbarmungslosigkeit und Härte der damaligen Zeit.

Quelle: Prof. Herta Broneder

Weihnachtskarte 1897 von Karl Neuhofer: Stiegenaufgang zum Geburtshaus von Joseph Mohr in Salzburg

Der Vater, ein Deserteur

Geburtshaus von Franz Mohr, Vater von Josef Mohr: Hier eine Aufnahme um 1970, die Schargl-Keusche in Stranach bei Mariapfarr. Das Kulturobjekt, etwas verkleinert, ist noch heute zu sehen.

Am 21. Juni 1792 , also etwa ein halbes Jahr vor der Geburt seines Sohnes, desertierte Franz Mohr als „Füselier unter dem Commando Hohensalzburg am Klausenthor in Mülln mit Thorpaßdienst", soll aber später wieder nach Salzburg zurückgekommen sein. Der Kindesvater ist also noch vor der Geburt des Sohnes von Salzburg weggegangen und hat sich unter Hinterlegung der Dienstkleidung unerlaubt von der Truppe entfernt. 1814 wurde er für tot erklärt (angeblich in Belgien gefallen).

Quelle: Dietlinde Hlavac
Foto: Egon Hödlmoser, Salzburg

Mohrs Taufpate: Ein Scharfrichter

Joseph Mohrs arme Mutter hatte weder Geld noch menschliche Hilfe, und es wollte sich niemand zur Patenschaft für das Neugeborene finden. Wie sich zeigen sollte, war der Taufpate des kleinen Joseph der Mutter eine Hilfe in der Not, auch wenn es zuerst nicht danach aussah.
Denn in ihrer Not suchte Anna Hilfe beim städtischen Scharfrichter Franz Joseph Wohlmuth. Es war ein bitterer Entschluss, weil der Henker und seine Familie von allen Menschen gemieden wurden. „Sein Gewerbe ist unehrenhaft und anstößig", sagten die Leute. „Bedenkt, dass er nicht einmal ein Gasthaus betreten darf. Trank und Speise werden ihm nur durch eine Türöffnung hinausgereicht. Sogar das Betreten von Kramerläden ist ihm untersagt."

Den Scharfrichter ließen das Elend und die Armut der Schoiberin nicht kalt. Wahrscheinlich ist, dass ihn Mitleid überkam, als sie mit dem kleinen Joseph auf dem Arm vor ihm stand, mit ihrer abgetragenen Kleidung und ihren verweinten Augen. Franz Joseph Wohlmuth war nicht nur Salzburger Scharfrichter, sondern auch ein Abdecker (für die Beseitigung von Tierkadavern zuständig) und in Stadt und Land Salzburg tätig. Er war nicht gerade arm. Wie alle Henker bewohnte er das alte, noch heute erhaltene Scharfrichterhaus an der Neukommgasse. Daneben besaß er eine Wohnung in dem Haus Herrengasse 28, unmittelbar neben dem Freudenhaus. Es darf spekuliert werden, dass sich Wohlmuth über die Augen wischte und sagte: „Weine nicht, Anna, ich will deinem Buben Pate sein. Er soll auch ein reichliches Patengeschenk erhalten, damit du mit dem Kleinen wenigstens einige Zeit sorgenlos leben kannst. Als Scharfrichter darf ich bei der Taufe im Dom nicht dabei sein, aber ich werde die Franziska Zach hinschicken. Geh einfach nach Hause und weine nicht mehr. Auch ein Scharfrichter hat ein Herz. Ich kann dich um den Wurm nicht weinen sehen."

Scharfrichter von Salzburg:
Franz Joseph Wohlmuth,
Taufpate des Joseph Mohr.

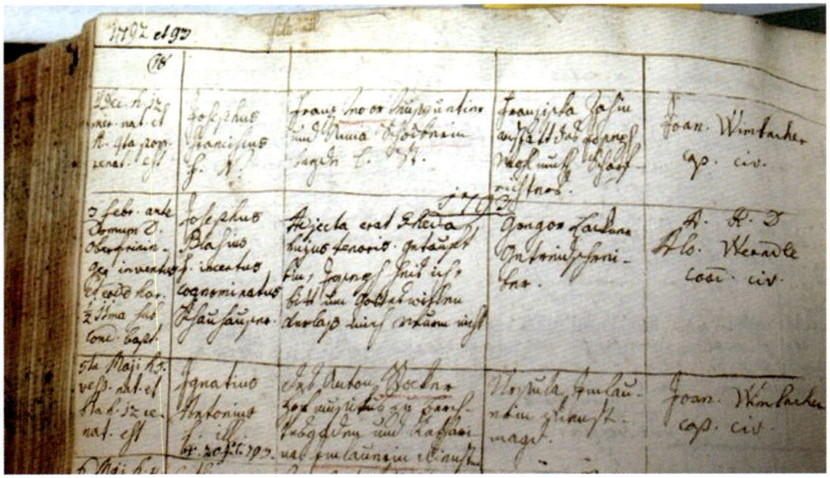

Auszug aus dem Taufregister IX/2 der Dompfarre Salzburg:

Erste Zeile mit der Eintragung der Geburt „Josephus Franciscus" Mohrs am 11. Dezember 1792, 12 Uhr mittags. Als Eltern sind Franz Moor (in dieser Schreibweise), Musquetier und Anna Schoiberin, ledigen Standes, angeführt. Als Taufpatin fungierte Franziska Zachin „anstatt des Joseph Wohlmuth, Scharfrichters".

Johann Nepomuk Hiernle fördert den jungen Mohr

Das Patengeld war freilich nicht allzu üppig und bald aufgebraucht. Bis zu seinem sechsten Lebensjahr verlief Joseph Mohrs Kindheit wohl freudlos und eintönig. Zuweilen hungerte er und im Winter fror er, weil sie nichts zum Heizen hatten. Als der Domchorvikar Johann Nepomuk Hiernle in sein Leben trat, verbesserte sich die Lage.
Joseph fiel ihm auf, weil er gerne studieren wollte. Für ein Studium aber hatte die Mutter kein Geld. Der Domchorvikar mag wohl zur Mutter gesagt haben: „Es wäre schade um den Buben, wenn er nicht studieren könnte. Überlasst mir das Kind, Schoiberin. Ich will ihn unterrichten und vor allem musikalisch. Er hat eine sehr hübsche Stimme und ein gutes Gehör für Musik."
So kam Joseph Mohr zu Johann Nepomuk Hiernle (1765-1850), österreichischer Theologe und Domvikar, der sich seiner väterlich annahm. Der junge Joseph wurde bald sein Vorzugsschüler und ging sogar als Preisträger in der Vorbereitungsschule zum Akademischen Gymnasium hervor. Auch am Akademischen Gymnasium der hochfürstlichen Universität Salzburg schnitt er vorzüglich ab und vollendete mit „Lob und Preyse beehrt" seine Studien. Das Akademische Gymnasium war 1617 von Fürsterzbischof Markus Sittikus von Hohenems gegründet worden, um Anwärter für die Universität heranzubilden.

Die politischen Umbrüche nach 1800 bestimmten auch Mohrs Biographie. Die bayerische Verwaltungsbehörde verfügte 1810 die Schließung der Salzburger Benediktiner-Universität. An ihrer Stelle hatte man ein Königlich-Bayrisches Lyzeum eingerichtet, an dem Mohr seine philosophischen Studien in einer Art Vorstudium betrieb. Von 1811 bis 1814 studierte er an dieser Lehranstalt auch Theologie. Er wollte Priester werden. Und so trat Joseph Mohr am 7. November 1811 in das Priesterhaus ein, in dem er während seiner Ausbildung auch wohnte. Damit hatte seine Mutter einen Esser weniger.

Grabstein von Johann Nepomuk Hiernle (1765-1850), österreichischer Theologe und Domvikar

Geschichte der Benediktineruniversität

Die Salzburger Universität, die Joseph Mohr besuchte, hat eine lange Geschichte. Sie entstand zur Zeit des Dreißigjährigen Krieges in den Jahren 1617-1650 auf dem Gelände des alten Frauengartens.
1622 wurde Albert III. Keuslin zum ersten Rector magnificus der Benediktineruniversität Salzburg ernannt.
Am 5. Oktober erhob dann Kaiser Ferdinand II. das benediktinische Gymnasium in Salzburg zur Universität und am 8. Oktober erfolgte die formelle Eröffnung.

Der äußerlich schlichte Bau der Alten Universität wurde 1618 begonnen. Gleichzeitig gründete Markus Sittikus von Hohenems den Vorläufer der Universität, das erste Salzburger Gymnasium. Damals entstand auch die dem heiligen Borromäus geweihte Kapelle, das Sacellum.
1627 begann unter der Leitung Santino Solaris der Ausbau des Gebäudes für die 1623 begründete neue Benediktineuniversität. Nach 1630 wurde der Nordflügel mit der Großen Aula erbaut, in den Jahren 1652-1655 entstand der Südflügel.

Kupferstich-Detail Nr. 05:
Universität von
Matthäus Seutter
aus dem Jahre 1740

Mohrs Priesterseminar in Salzburg

Die Dreifaltigkeitskirche ist das bedeutendste sakrale Bauwerk der rechten Salzburger Altstadt und zugleich die erste architektonische Schöpfung des großen Barockbaumeisters Fischer von Erlach. Die beherrschende Kuppel, die schwungvoll gestaltete Fassade, die doppelten Türme und die palastartigen Seitenflügel sind der Blickfang des Makartplatzes.
Ihre Entstehung verdankt die Kirche dem Erzbischof Johann Ernst von Thun, der an dieser Stelle dem Priesterseminar eine dauerhafte Heimstätte schaffen wollte. Das Seminar, welches Joseph Mohr während seiner Ausbildung besuchte, befindet sich im hinteren Teil der Kirche.
Das gewaltige Bauwerk entstand in den Jahren 1694-1702. Berühmt wurde die Dreifaltigkeitskirche besonders durch ihr Kuppelfresko von Johann Michael Rottmayr, das die Krönung Mariens und die heilige Dreifaltigkeit darstellt.

Quelle:salzburg.info

„Musikalische Dienste“ als Chorsänger und Musiker

Der Gymnasiast Joseph Mohr wurde im Oktober 1807 in den Chor der Benediktiner-Erzabtei, des ältesten Klosters im deutschen Sprachraum, als Sopran-Sänger und Violinist aufgenommen. Präfekt des Musikchors im Stift war damals Pater Martin Bischofsreiter, ein Kompositionsschüler des Salzburger Michael Haydn. Die Mitgliedschaft im Chor verpflichtete den 15-jährigen Mohr zu 600 musikalischen Diensten jährlich. Als Lohn erhielt er Musikunterricht, täglich zu essen und manchmal ein paar Kreuzer Münzgeld. Daneben sang der jugendliche Berufsmusiker im Universitätschor. Auf diese Weise versuchte er sich den Besuch des Akademischen Gymnasiums in Salzburg zu finanzieren.

Die Bewältigung des Schulpensums und das intensive Musizieren in zwei Chören bedeutete für Mohr sicher eine hohe Belastung, die er wie der junge Wolfgang Amadeus Mozart durch kindische Verhaltensweisen abzubauen versuchte. Von der Arbeit des Notenkopisten Mohr zeugen zwei Notenabschriften im Archiv von St. Peter. In seinen Schulzeugnissen glänzten gute, ja sehr gute Noten.

Die Anforderungen waren hoch: Als Gymnasiast musste er die Kirchen- und Verwaltungssprache Latein in Wort und Schrift beherrschen, um später den lateinischen Vorlesungen an der Universität folgen zu können. Bei Aufführungen in der Stiftskirche St. Peter wirkte Joseph Mohr als Sänger und Instrumentalmusiker mit. Dabei lernte er Michael Haydn, den Bruder Joseph Haydns, kennen.

Nach dem dritten Franzoseneinfall war die Teuerung so groß, dass der junge Musikus nicht mehr mit der Hilfe des Vikars Hiernle rechnen konnte. Mit dem Abgangszeugnis des Salzburger Gymnasiums trug er seine musikalischen Fähigkeiten dem Stift Kremsmünster an. Der Stiftsdirektor P. Beda Blank war bereit, dem musikalisch gebildeten Studenten weiterzuhelfen und ihn für Kost und Kleidung aufzunehmen.

Der 16-jährige Joseph Mohr wanderte somit im November 1808 zu Fuß nach Kremsmünster. Er bekam nun die Gelegenheit, sich in der Musik weiterzubilden und studierte noch nebenbei am Stiftslyzeum.

Benediktiner-Stift Salzburg

Stift Kremsmünster OÖ

Joseph Mohr wird in Salzburg zum Priester geweiht

Joseph Mohr absolvierte von 1808-1810 seine letzten Schuljahre im Stiftsgymnasium Kremsmünster. Dann kehrte er nach Salzburg zurück und setzte seine philosophischen Studien am jetzt „königlich bayrischen Lyzeum" fort.
Die letzten Studienjahre Mohrs waren durch die Einfälle der Franzosen getrübt. Wirrnisse beherrschten das Land. Weil Joseph schon als Sängerknabe im Universitätschor mitgewirkt hatte, trat er erneut gegen zwei warme Mahlzeiten täglich als Sopransänger in den Stiftschor zu St. Peter ein. Mohr sang buchstäblich ums Überleben.
Im Salzburger Priesterhaus, in das Joseph Mohr am 1. November 1811 eintrat, empfing er drei Tage vor Weihnachten die niederen Weihen. Für die Priesterweihe benötigte er – wie alle unehelichen Kinder – die Erlaubnis und die Bestätigung durch Papst Pius VII. Diese Ausnahmegenehmigung traf noch rechtzeitig ein, und so erhielt Joseph Mohr am 20. August 1815 vom Passauer Weihbischof Karl Kajetan die Diakonatsweihe. Die Priesterweihe empfing der 22-jährige am folgenden Tag.

Karl Kajetan Kardinal von Gaisruck, später Erzbischof von Mailand, weihte Joseph Mohr zum Diakon.

Leopold Leonhard Raymund Graf von Thun und Hohenstein, Bischof von Passau und der letzt Fürstbischof des Ortes, erteilte Mohr die Priesterweihe.

Die ersten Wirkungsstätten als Hilfspriester in der Ramsau und in Mariapfarr

Die erste Wirkungsstätte als Hilfspriester fand Joseph Mohr von August 1815 bis Oktober 1815 in der Ramsau bei Berchtesgaden.

In den Jahren 1815-1817 hatte Mohr in Mariapfarr im Lungau die Stelle als Koadjutor inne.

Seine ersten Wirkstätten als Hilfspriester fand Mohr im Gebirge. Die langen und bergigen Fußmärsche bei jedem Wetter, wenn er auf einsamen Höfen die Sterbesakramente verabreichen musste, beanspruchten ihn so sehr, dass er nach kurzer Zeit zusammenbrach und zur Erholung nach Salzburg geschickt wurde. Auch seine Mutter konnte aufgrund eines Lungenleidens nicht mehr arbeiten. Deshalb gönnte Mohr sich nur einen Monat Ruhe und erbat im Konsistorium eine neue Stelle – und wenn die Bezahlung noch so gering wäre, um die Mutter zu unterstützen. Er hatte Glück: Die Kirchenoberen sandten ihn nach Oberndorf, hoffend, die im Flachland gelegene Pfarre würde ihn weniger strapazieren.

Als Hilfspriester in der Pfarrgemeinde Oberndorf

In seiner neuen Pfarrgemeinde in Oberndorf an der Salzach fand Mohr viel Zuneigung. Der neue Hilfspfarrer war stets heiter, gesellig und zu jedem Spaß bereit. Besonders die Schiffsleute mochten ihn, weil er ihnen jeden Morgen um halb vier Uhr beim Ablegen der Schiffe mit dem Salz das „Gottsnam-Lobamt" las und die mit Salzkufen beladenen Schiffe segnete. Wenn die Taue gelöst waren und das erste Schiff „in Gottsnam" über den Strom fuhr, betete er das alte Schiffergebet: „Gott! Hör unser Gebet! Und mach im Strom drei Kreuz: „Gott Vater, Gott Sohn, Gott heiliger Geist."

Danach schritt Hochwürden mit einer langen Tabakspfeife durch den Ort und plauderte mit den Einwohnern über Gott und die Welt. Dieses Verhalten missfiel dem alten Pfarrer Noestler. Er meinte, der Neue sei voll des Übermuts und gebe „kein gutes Bild" ab. An das Konsistorium verfasste er folgendes Schreiben: „Er ist noch jugendlich und unbesonnen; burschenmäßig geht er mit der langen Tabakspfeife und dem Beutel an der Seite über die Gasse. Beim letzten großen Wasser fuhr er gleich mit anderen Schifferbuben im Nachen (Boot) herum. Er spielt und singt oft nicht erbauliche Lieder und seiner Vorliebe zur Musik und musikalischer Unterhaltung scheint er alles aufzuopfern." Trotz dieser Denunzierung blieb Mohr noch zwei Jahre in Oberndorf. Nach zahlreichen anderen Stellen verbrachte er die letzten Jahre seines Lebens als Pfarrer in Wagrain.

Ein historisch wertvolles Instrument: Mohrs Gitarre

Wesentlichen Anteil an der Uraufführung des Weihnachtsliedes „Stille Nacht“ in Oberndorf am 24. Dezember 1818 hatte bekanntlich die Gitarre Mohrs, die bis zu seinem Tode 1848 in Wagrain in seinem Besitz blieb. Nach seinem Ableben wurde sein persönliches Eigentum versteigert. Ein guter Bekannter und Verehrer Joseph Mohrs ersteigerte die Gitarre, verbrachte seine letzten Lebensjahre in Kuchl und nahm auch die Gitarre dorthin mit. Nach seinem Tod verblieb sie beim Täublwirt in Kuchl, wo die Gitarre in der Gaststube hing und von Gästen zur Begleitung von Liedern verwendet wurde. Einmal kam sie sogar als „Schlaginstrument“ bei einer Wirtshausrauferei zum Einsatz. Zur Hochzeit des Gruber-Enkels Felix erstanden Freunde aus Hallein die Gitarre und schenkten sie ihm. Nach Felix Grubers Tod ging sie mit dem übrigen Nachlass in den Besitz der Stadtgemeinde Hallein über.

Die Gitarre von Josef Mohr,
mit der er das Lied „Stille Nacht“
zum ersten Mal 1818 in Oberdorf begleitet hat.

Die Gitarre von Josef Mohr,
Felix Gruber, der Enkel von
Franz Xaver Gruber,
mit der Gitarre von
Joseph Mohr

Mohr-Autograph N°2: Undatiertes Lied unter dem Titel „Canto“ im 6/8-Takt

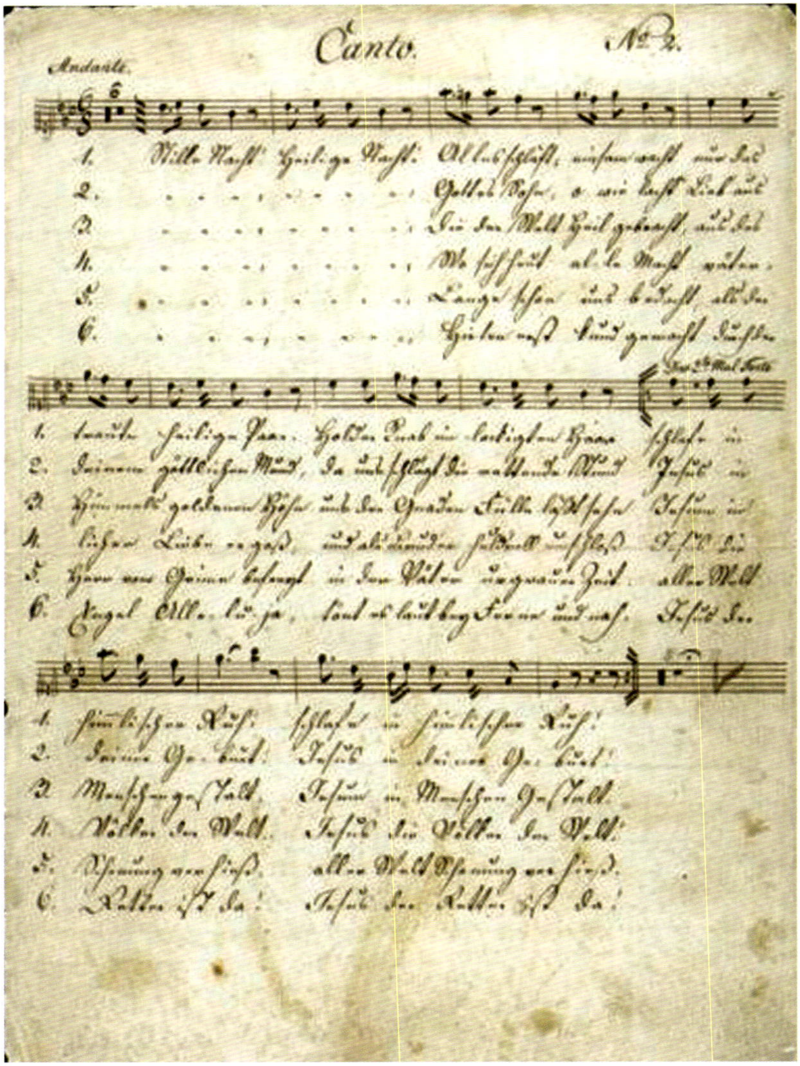

Undatiertes Notenblatt unter dem Titel: „Canto“ 6/8-Takt
Autograph N°2 von Joseph Mohr

Jedes Jahr singen zwei Milliarden Menschen in 330 Sprachen der Welt das Lied „Stille Nacht! Heilige Nacht!“ Anlässlich des 200-jährigen Jubiläums des Liedes präsentiert das Salzburg Museum im Rahmen einer öffentlichen Ausstellung das Stille-Nacht-Autograph von Joseph Mohr – also die Original-Handschrift vom Textdichter dieses „Weihnachts-Welthits“.

Herausragend ist dieses Noten- und Textblatt nicht zuletzt deshalb, weil es sich dabei um die einzige Fassung des Weihnachtsliedes aus der Feder von Joseph Mohr handelt, aber auch, weil diese Niederschrift um 1820 dem Zeitpunkt der Entstehung und Uraufführung am nächsten kommt.

Stationen Joseph Mohrs

Stadt Salzburg	1792	Geburt
Kremsmünster	1808-1810	Ausbildung
Ramsau	1815	Aushilfspriester
Mariapfarr	1816	Textentstehung des Liedes „Stille Nacht“
Oberndorf	1817-1819	Hilfspriester, „Stille Nacht, heilige Nacht“ erstmals gesungen
Kuchl	1819-1820	Koadjutor
Vigaun	1821-1822	Koadjutor, Aushilfe in Adnet und Krispl
Anthering	1822-1824	Koadjutor, Aushilfe in Koppl, Vikariatsprofesur
Eugendorf	1824-1827	Koadjutor
Hof	1827	Vikariatsprofesur
Hintersee	1827-1837	Erste selbstständige Verwaltung einer Pfarrei

Joseph Mohr, der unangepasste, sozial engagierte Armeleutepfarrer, verließ Oberndorf im September 1819 und musste eine Reihe wechselnder Aushilfsstellen besetzen. Die Kirche „bestrafte“ Mohr auf diese Weise, weil er ein lediges Kind war. Schließlich wurde er 1837 für seine letzten zehn Lebensjahre im salzburgischen Wagrain sesshaft. Die ihm verbliebene Zeit nutzte er, um sich unermüdlich für die „kleinen Leute“ einzusetzen, eine Schule zu gründen und ein Schulgeld einzuführen. Am 4. Dezember 1848 starb Joseph Mohr im Alter von 56 Jahren bettelarm an einer Lungenlähmung.

Grabstätte von Joseph Mohr in Wagrain

3. Kapitel: Lebenslauf - Der Komponist Franz Xaver Gruber

**25.11.1787 in Hochburg-Ach (Österreich)*
† 07.06.1863 in Hallein (Österreich)

Am 25. November 1787, just am Festtag der Heiligen Katharina, wurde dem Ehepaar Gruber in der Steinpointsölde zu Hochburg, Unterweizberg 9, ein Knäblein geboren. Sie ließen ihn auf den Namen Conrad Xavier taufen. Conrad war der Vorname seines Taufpaten. Grubers erste Kompositionen unterzeichnete er noch mit dem Namenszug „Conrad Xavier Gruber". Wann und warum Gruber seine Vornamen auf „Franz Xaver" änderte, ist nicht belegt.
Franz Xaver Gruber stammte aus einer Leinweberfamilie und schwärmte schon von Kindheit an für die Musik. Weil das Einkommen äußerst gering war, musste die Familie Gruber sparsam leben und jede unnötige Ausgabe vermeiden. Der Vater, Josef Gruber, hielt auf Zucht und Ordnung. Die Mutter Anna, eine geborene Danner, war eine stille, bescheidene Frau. Sie war unermüdlich fleißig, erledigte den ganzen Haushalt und half zusätzlich dem Vater in der Leinweberei. Die Kinder hingen mit großer Liebe an ihr, denn sie hatte für jedes einen guten Rat, ein gutes Wort und einen Trost bereit.
Weil Franz Xaver schon als Kind sehr aufgeweckt war, so wünschte der Vater, dass sein Drittgeborener das Leinweber-Handwerk im Steinpointner-Haus übernehmen sollte. Grubers Lehrer Andreas Peterlechner lobte immer wieder die Wissbegierde und schnelle Auffassungsgabe des kleinen Franzl, so dass der Vater nicht im Geringsten zweifelte, dass sein Sohn den Leinenweberberuf erlernen würde. Lehrer Peterlechner dagegen wusste um die musikalischen Fähigkeiten seines Schülers und setzte alles daran, um ihn in den Kenntnissen der Musik zu unterweisen und unterrichtete ihn sogar im Orgelspiel. Der Vater aber gab nichts auf die musikalische Begabung seines Sohnes. Von ihm aus konnte der Franzl ruhig auf der Kirchenorgel spielen, denn es war in seinen Augen ohnehin nicht mehr als eine kindliche Laune. Darüber hinaus durfte sein Drittgeborener keinen Musikunterricht nehmen.

Die Steinpointsölde: Geburtsort Franz Xaver Grubers

In der Steinpointsölde in Hochburg wurde Franz Xaver Gruber am 25.11.1787 geboren. Leider musste das Haus 1929 einem Neubau weichen. 1976 wurde aus der Nachbargemeinde ein mehr als 200 Jahre altes Holzhaus nach Hochburg übertragen. Dieses ist in Stil, Form und Gestaltung mit dem Geburtshaus identisch. Als Museum eingerichtet, vermittelt es die bäuerliche Wohn- und Arbeitswelt der damaligen Zeit.

Der musikalische Durchbruch

Die gute Mutter war anderer Meinung als Vater Gruber. Ihr Bitten half zwar nichts, es milderte weder die Strenge noch die Gesinnung des Vaters. Aber sie war von Anfang an eine Verbündete ihres Buben und schickte ihn oft heimlich zum Unterricht, wenn es nötig war, auch des Nachts, damit der wachsame Vater nichts merkte. Als eines Tages Vater Gruber doch davon erfuhr, war es mit dem heimlichen Musikunterricht aus. Weder die Mutter noch der Lehrer konnten durch gütiges Zureden seinen Entschluss ändern. Man kann sich vorstellen, wie der Vater nur sagte: „Du wirst ein Leinenweber!“, und erzürnt das Haus verließ.

Franzl war sehr unglücklich, aber in seinem Unglück erfinderisch, und so fertigte er sich kleine Holztasten, die ihm an Stelle der Orgel dienten. Er befestigte sie in den Bretterfugen der Holzwand seiner dürftigen Kammer und übte in Ermanglung eines Instrumentes lautlos die halbe Nacht. In seiner Herzensnot kam ihm der Zufall zu Hilfe. Es war an einem Sonntagmorgen. Die Pfarrkinder warteten in den Bänken auf den Beginn der heiligen Messe, Pfarrer und Ministranten standen in der Sakristei, der Mesner läutete die Glocken, aber Lehrer Peterlechner, der die Orgel spielen sollte, war nicht zugegen. Er lag krank zu Bette und konnte beim besten Willen nicht aufstehen.

Nun war guter Rat teuer. Da wird der Pfarrer den kleinen Gruber gefragt haben: „Franzl, kannst nicht auf der Orgel spielen?“ – „Ei, freilich, Hochwürden.“ Und ehe man sich`s versah, saß der zwölfjährige Leinwebersohn auf der Orgelbank und spielte das Hochamt eben so gut wie sein Lehrer. Voll Staunen und Freude beglückwünschten die Leute Vater Gruber, der ob der plötzlichen musikalischen Fähigkeiten seines Sohnes sehr angerührt gewesen sein wird. Es bleibt dahingestellt, ob Lehrer Peterlechner wirklich erkrankt war oder ob er seine plötzliche Unpässlichkeit nicht aus Liebe zu seinem Schützling erfunden hat, um dessen Vater umzustimmen.

Im Weberhaus war die Freude nun sicher groß. Die Mutter weinte mit ihrem Franzl, herzte ihn, weil er nun endlich vom Vater die Erlaubnis hatte, den Musikunterricht fortzusetzen, ja er opferte sogar fünf Gulden und kaufte im benachbarten Burghausen ein Spinett. Man kann sich des Vaters Worte vorstellen: „Das Holzklotz-Klavier kommt weg, Franzl. Nun hast du ein richtiges Klavier, auf dem du nach dem Tagwerk üben kannst, denn ein Leinweber-Gehilfe bleibst du trotzdem. Wenn du hier auch nicht viel verdienst, so ernährt es dich doch. Was bei der Musik aber herauskommt, das weißt du noch nicht. Jedenfalls kannst du nach Feierabend auf dem Spinett nach Herzenslust spielen. Im Übrigen bilde dir nur nicht zu viel ein, weil du während des Hochamtes auf der Orgel gespielt hast.“ Franz mag im Stillen gehofft haben, dass er dem Vater eines Tages doch die Einwilligung zum Lehrberuf abringen würde, mit Hilfe der Mutter, des Pfarrers und des Lehrers. Die Erfüllung seines Wunsches brauchte volle sechs Jahre: Erst zu seinem 18. Geburtstag erhielt er als Geschenk des Vaters die Einwilligung zum Lehrberuf.

So wie bei Mohr Vikar Hiernle als Förderer auftrat, war es bei Gruber der in Burghausen lebende Stadtpfarr-Organist Georg Hartdobler. Er war auf dem Gebiet der geistlichen Musik sehr bekannt und freute sich über die Fähigkeiten des jungen Gruber. Er verzichtete auf das Lehrgeld, das die anderen Schüler entrichteten, und übernahm das Studium des 18-Jährigen. Der brachte es so weit, dass er schon nach drei Monaten auf der großen Orgel der Pfarrkirche in Burghausen bei instrumentierten Ämtern den Generalbass spielen konnte. Nach einem Jahr, das war 1806, begann sich Gruber auf das Lehrfach vorzubereiten. Trotz vieler Widrigkeiten, die der Einmarsch der Franzosen mit sich brachte, studierte Gruber ohne Unterlass. Im Sommer 1807 schloss er seine Prüfungen erfolgreich ab.
Auch privat erlebte Gruber Aufregendes: Er verliebte sich über beide Ohren und wollte heiraten. Seine Auserwählte war eine Frau, die schon zweimal Witwe geworden war und zwei Kinder hatte. Elisabeth Tischinger zählte 36 Jahre, war also 16 Jahre älter als Gruber. Franz störte das keineswegs, denn er sah in ihr eine gleichgestimmte Seele und heiratete sie ohne Bedenken. Sie war ihm während der 18 Ehejahre eine treue Gefährtin und ebenso musikliebend wie ihr Mann. So war das Glück, welches sich der 20-Jährige erträumt hatte, vollkommen. Im weiteren Verlauf seines Lebens heiratete Gruber noch zweimal. Als ihm im Jahre 1825 seine erste Gattin starb, vermählte er sich im folgenden Jahr mit seiner ehemaligen Schülerin aus Oberndorf, Maria Breitfuß. Sie schenkte ihm zwölf Kinder. Als sie 1840 bei der Geburt eines Knaben starb, verheiratete er sich mit ihrer Freundin Katharina Wimmer aus Böckstein, die seine Kinder fortan mütterlich umsorgte.
Einige Monate nach der Hochzeit mit seiner ersten Frau bestellte Abt Nikolaus Achatz vom Stift Michaelbeuern Franz Gruber zum Lehrer der neu gegründeten Schule in Arnsdorf. Das war seine erste Lehrstelle. Als dann 1816 die Organistenstelle an der St.-Nikola-Pfarrkirche im benachbarten Oberndorf an der Salzach zu besetzen war, übernahm er bereitwilligst auch dieses Amt.

Seine Förderer: Organist Hartdobler und Lehrer Peterlechner

Schulmeister Andreas Peterlechner (1766-1836) erkannte die musikalische Begabung Franz Xaver Grubers und überzeugte dessen Vater, ihm die Ausbildung zum Lehrer zu ermöglichen, die damals intensiv musikalisch war.

Bereits mit 18 Jahren soll Franz Xaver Gruber in St. Jakob in Burghausen vom damaligen Stadtpfarrorganisten und Komponisten Georg Hartdobler Orgelunterricht bekommen haben.

Georg Hartdobler (1774-1851) wurde 1774 im niederbayerischen Stubenberg unweit Simbach a. Inn geboren. 1795 erwarb er das Burghauser Bürgerrecht durch die Heirat der Burghauser Chorregententochter Katharina Hueber und durch seine Anstellung als zweiter Choradstant (Männer und Posaunenchor) an der Burghauser Stadtpfarrkirche St. Jakob. Von 1799 bis 1850 war er Stadtpfarrorganist von St. Jakob. Auch als Komponist betätigte er sich. Über sein Schaffen sind Urteile bedeutender musikalischer Zeitgenossen überliefert. So bezeichnete ihn Michael Haydn 1806 als „meisterhaften und vortrefflichen" Organisten, der auch „in der Satzkunst die herrlichsten Proben" zeige und in Bälde ein „großer Meister" zu werden verspräche. 1851 starb er in Burghausen, im Alter von 77 Jahren.

Quelle: Eva Gilch

Franz Xaver Gruber, der Komponist
Gruber-Authograph N°4

„Stille Nacht, heilige Nacht“ ist der Inbegriff der Weihnachtsstimmung und erklingt in über 320 Sprachen rund um den Globus. Bewiesen ist, dass es am 24. Dezember 1818 erstmals in Oberndorf erklang. Doch seine Beliebtheit verdankt das Lied weder einem bekannten Komponisten noch einem großen Dichter, denn getextet hat den Welterfolg ein Armeleutepriester, die Melodie schuf ein Aushilfsorganist.
Dabei ist „Stille Nacht, heilige Nacht“ eigentlich ein Wiegenlied. Ein Wiegenlied zuerst für das neugeborene Kind in der Krippe, ein Wiegenlied aber auch für die trostbedürftige Menschheit. Diese sehnte sich zur Entstehungszeit so sehr wie heute nach Frieden, nach einer heiligen Nacht, in der Neid, Hass, Missgunst, Mord und Krieg aufgehoben sind, nach einer stillen Nacht, in der ein goldener Himmel die Fülle der Gnade ausgießt, nach einer rettenden Stunde, mit der ein neues, ein besseres Zeitalter beginnt.

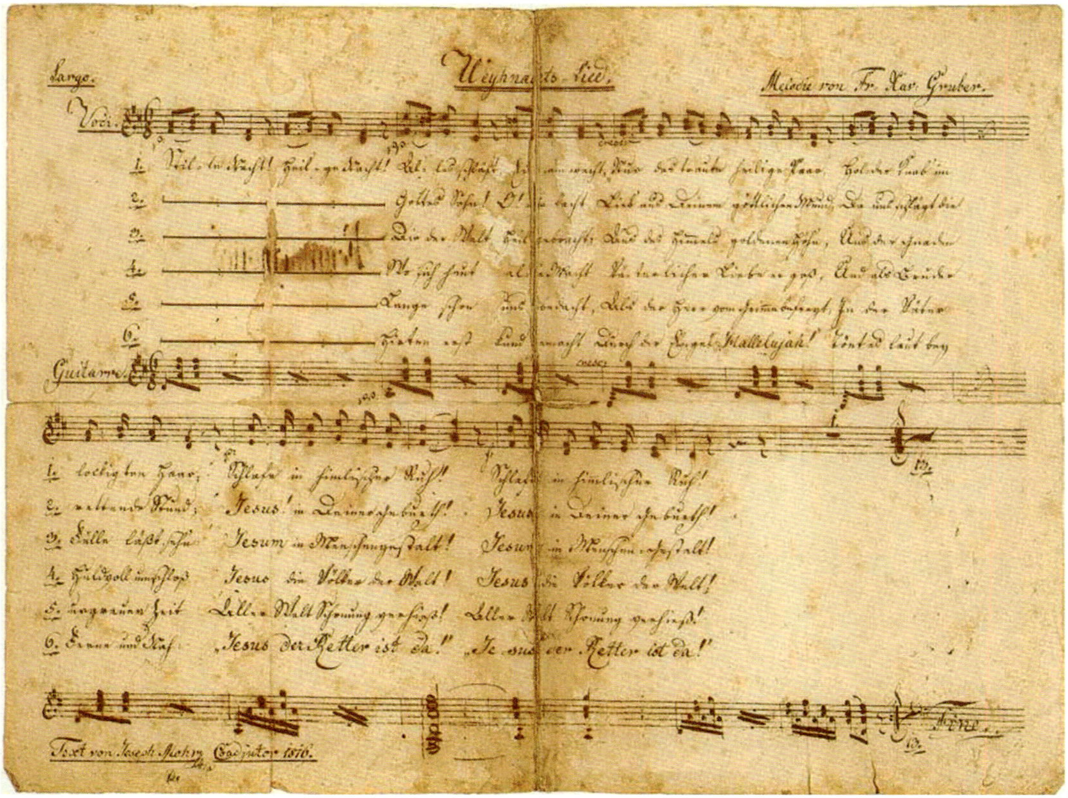

Gruber-Autograph N° 4 (eigenhändig geschrieben) Undatiert, vermutlich um 1845; unter dem Titel: „Weihnachtslied“:

D-Dur, 6/8-Takt, für zwei Solostimmen mit gemischtem Chor und Begleitung durch ein Streichertrio, zwei Hörner und Orgel .

Stille - Nacht - Archiv, Hallein

Das Autograph VII von F. X. Gruber um 1860

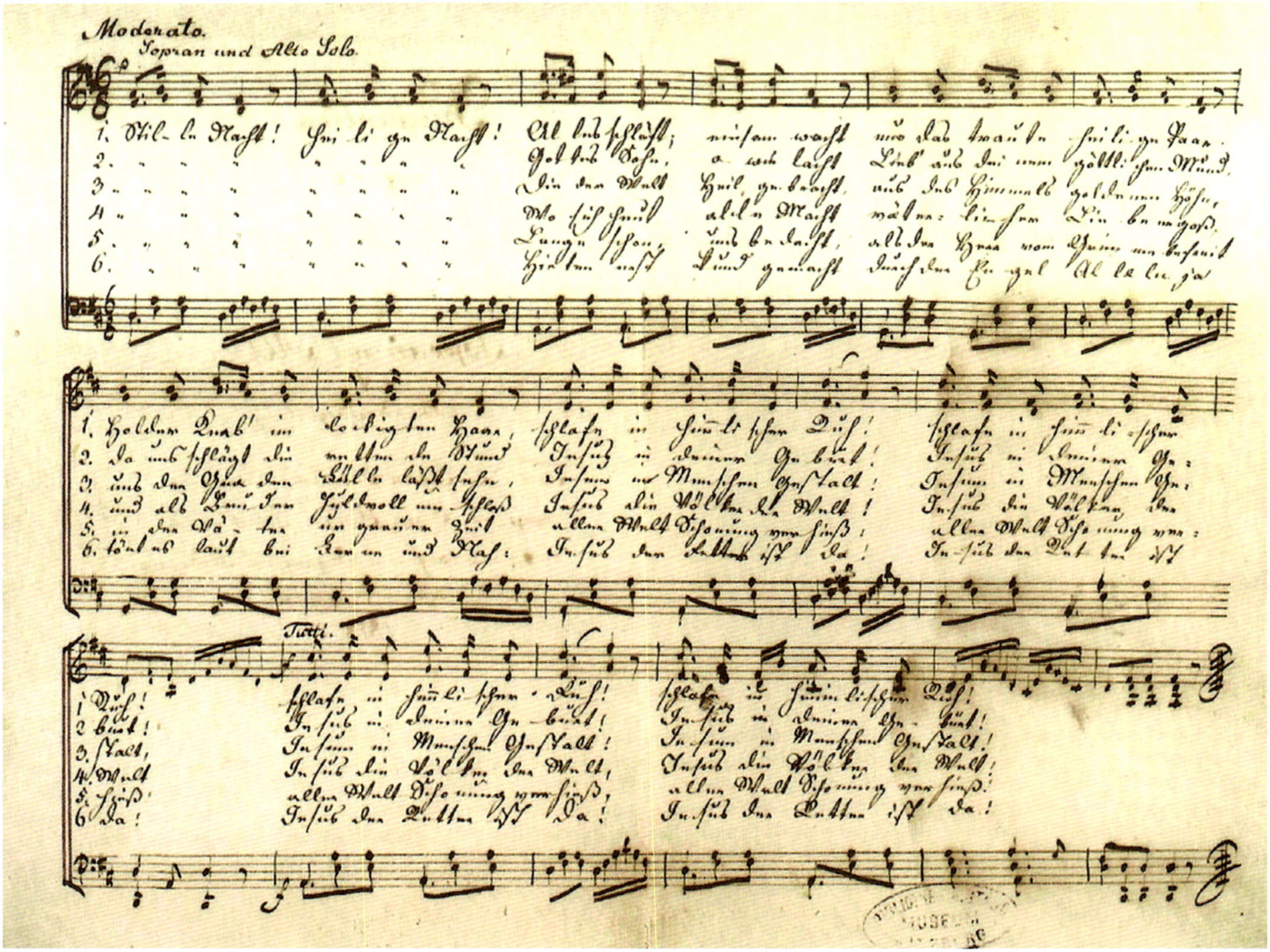

Das Autograph VII von Franz Xaver Gruber entstand um 1860 in Hallein, wo Gruber 1863 verstarb.
Es befindet sich in der Bibliothek des Salzburg Museums.

Stationen Franz-Xaver Grubers

Hochburg	1787	Geburtsort besuchte hier die Schule, verbrachte hier seine erste Zeit als Schulgehilfe
Burghausen	um 1805	Orgelunterricht
Arnsdorf	1807-1829	Wohnort
	1818	Entstehung der Melodie in Arnsdorf
Berndorf	1829-1835	Lehrer und Mesner
Hallein	1835-1863	Chorregent, Choralist und Organist

Grubers sehnlichster Wunsch erfüllte sich, als er 1835 zum Chorregenten, Choralisten und Organisten in die Pfarrkirche von Hallein bestellt wurde. Mit viel Engagement widmete sich Gruber der Ausbildung von Sängern und Musikern für den Kirchenchor. Bei vielen musikalischen Veranstaltungen, auch außerhalb Halleins, komponierte und wirkte er mit. Grubers zweite Frau und sein letztes Kind starben beide 1841 bei der Geburt. Ein Jahr später schloss Gruber seine dritte Ehe mit der Freundin seiner zweiten Frau. Die Söhne Grubers aus zweiter Ehe traten in seine musikalischen Fußstapfen.

Franz Xaver gründete 1847 einen Gesangsverein und 1849 auch die heute noch existierende Halleiner Liedertafel. Felix Gruber, der zweitgeborene Sohn, folgte seinem Vater als Halleiner Chorregent. Franz Xaver Gruber starb 1863 in Hallein an Altersschwäche.

Wohnhaus von Franz Xaver Gruber mit Grabstelle in Hallein

Zum Text und zur Liedkomposition

Um die Entstehung des Liedes ranken sich zahlreiche Legenden. Die am häufigsten erzählte und wohl auch wahrscheinlichste berichtet, dass die Orgel der St.-Nikola-Kirche in Oberndorf defekt war und keinen Ton mehr von sich gab.

Die Christmette ohne Musikbegleitung zu feiern, war für Mohr undenkbar. So kam er auf die Idee, sich an Franz Xaver Gruber zu wenden, der in Arnsdorf und bisweilen auch in Oberndorf die Orgel spielte, um sein schmales Lehrergehalt aufzubessern. Gruber sollte nun ein Gedicht vertonen, das Mohr bereits zwei Jahre zuvor geschrieben hatte.

Der Text umfasste sechs Strophen, erzählte von der Geburt Jesu und der Hoffnung auf ein wenig Frieden nach den Wirren der Kriege gegen Napoleon und den 1. Weltkrieg. Er begann mit den Worten, die heute jeder kennt: „Stille Nacht, heilige Nacht“. Gruber setzte sich hin und schrieb in kurzer Zeit eine Melodie für zwei Männerstimmen, die in der Christmette des 24. Dezember 1818 zu Mohrs Gitarrenbegleitung erstmals erklang.

Ein Lied geht um die Welt

„Stille Nacht, heilige Nacht“ traf den Nerv der Menschen und verbreitete sich unaufhaltsam. Schon 1832 wurde es in Leipzig gesungen, 1839 erstmals in New York, heute erklingt es rund um den Globus in 320 Sprachen und Dialekten. Wie ist dieser Erfolg zu erklären? Vielleicht weil es eine tiefe Sehnsucht anspricht, die alle Menschen mit dem Geist der Weihnacht verbinden. Vielleicht, weil es für etwas steht, das Placido Domingo stellvertretend für viele darin findet:
„Ich denke, Stille Nacht, heilige Nacht wäre als das Welt-Friedenslied prädestiniert wie kaum ein anderes Lied auf dieser Erde!“ sagt der Startenor.

4. Kapitel: Eine Freundschaft, die ein Leben lang währte

Der Dichter Joseph Mohr und der Komponist Franz Xaver Gruber blieben nach ihren gemeinsamen Jahren in Oberndorf ein Leben lang freundschaftlich verbunden. Joseph Mohr hat seinen Freund Gruber von Wagrain aus mehrmals in Hallein besucht. Jedoch konnten die beiden den Siegeszug ihres in aller Welt berühmt gewordenen Liedes nicht mehr gemeinsam erleben.

Gruber durfte die ersten Erfolge des Liedes in Deutschland noch miterleben, im Gegensatz zu dem jüngeren Mohr, der schon 1848 starb.

1854 stellte Franz Xaver Gruber in seiner „Authentischen Veranlassung“ gleich mehrere Irrtümer richtig. Michael Haydn komponierte weder das Lied noch kam es aus dem Tiroler Zillertal. Er stellte richtig, dass Oberndorf im Salzburger Land der wahre Ort der Entstehung war.

©SLT

Die Freunde, vereint auf Geldschein und Briefmarken

1922

1948

1987

5. Kapitel: Die Uraufführung des Weihnachtsliedes „Stille Nacht, Heilige Nacht!“

Betrachtet man verschiedene Quellenangaben, wird sich jener denkwürdige Tag, der 24. Dezember 1818, in Oberndorf wohl so zugetragen haben:

Der Hilfspfarrer Joseph Mohr begibt sich nach der Sechs-Uhr-Frühmesse wieder in die Sakristei. Schon vor Tagen hatte ihn sein Freund, der Arnsdorfer Dorfschullehrer und Organist Franz Xaver Gruber, gewarnt: „Die Orgel der Schifferkirche St. Nikola in Oberndorf ist nicht in Ordnung.“ Darum hatte Mohr schon mehrmals über eine Lösung nachgedacht. Nun kam der Organist Gruber vom Chor in die Sakristei und die beiden sprachen über die Gestaltung der abendlichen Messe. Mohr legte ihm sein bereits vor vier Jahren in Maria Pfarr verfasstes Gedicht „Stille Nacht, heilige Nacht“ vor. Franz Xaver Gruber komponierte nun geschwind eine schlichte, feine Melodie dazu.

„Mit dieser alten Orgel und dem desolaten Register kann ich dieses Lied nicht begleiten“, meinte Gruber und verwies auf die Möglichkeit einer Gitarrenbegleitung. „Dies in der Kirche, das Instrument ist doch ein Wirtshausinstrument“, meinte Gruber ablehnend, doch Mohr wandte ein: „Der Pfarrprovisor Nöstler wird das nicht akzeptieren, er wird toben. Darum müssen wir mit unserem Gesang möglichst nah bei den Menschen stehen, nur so können wir ihnen den Frieden in die Herzen legen.“ Und tatsächlich: Nach der ohne Orgel gesungenen Weihnachtsmette gingen die beiden zur Krippe. Joseph Mohr sagte zu den Kirchenbesuchern: „Wir singen euch zum Schluss noch ein Lied. Der Text stammt von mir und die Melodie von meinem Freund, dem Organisten F. X. Gruber.“ Joseph Mohr zupfte die Saiten, sang die erste Stimme und Gruber den Bass. Andächtige Stille herrschte in dem Gotteshaus, als zum ersten Male die reinen Töne dieser wohlklingenden Weise die Hallen der Nikola-Kirche durchzogen. Wie der erste Weihnachtsgesang im Stall Bethlehems mit den armen Hirten erklang, so waren auch in jener denkwürdigen Weihnacht des Jahres 1818 die schlichten Oberndorfer Schöffleut die ersten Zeugen dieses wohl stimmungsvollsten Weihnachtsliedes aller Zeiten.

Die Frau des Komponisten Gruber wartete vor der Sakristei auf ihren Mann, um mit ihm gemeinsam den schneebedeckten Heimweg in das fünf Kilometer entfernte Dörfchen Arnsdorf anzutreten. Unterwegs sagte sie zu ihrem Mann: „Dieses Lied wird man noch singen, wenn wir zwei schon längst gestorben sind.“ Sie hatte recht. Der Textdichter, der Hilfspfarrer Joseph Mohr, mischte sich unter die Kirchengänger und ging mit einigen Oberndorfer Schöffleut in das Gasthaus „Zur Post“, gleich neben der Nikola-Kirche. Hier sprach man noch lange über dieses Weihnachten und die Uraufführung von „Stille Nacht, heilige Nacht“.

Aus zwei Urkunden lässt sich die exakte Entstehungsgeschichte des Liedes nachvollziehen. Einerseits durch Grubers „Authentische Veranlassung“ und andererseits durch das älteste erhaltene Autograph von Joseph Mohr, das erst im Jahr 1995 in Salzburg aufgefunden wurde. Dieses Autograph, datiert auf die Zeit um 1823, stellt das älteste Dokument zur Entstehungsgeschichte des Liedes dar. Es befindet sich im Besitz des Salzburger Museumsvereines und wird dort aufbewahrt. Beide Dokumente ergänzen und bestätigen sich gegenseitig in folgenden Erkenntnissen: Josef Mohr verfasste den Text bereits 1816 als Gedicht in Maria Pfarr. Er war nicht nur Dichter, sondern auch Initiator für das Lied. Darüber hinaus wirkte er auch bei der Uraufführung neben Franz Xaver Gruber als Sänger und Gitarrist mit.

Entstehung und Uraufführung des weltberühmten Weihnachtsliedes sind mit Legenden umwoben. Die am häufigsten erzählte ist: Mäuse hätten den Orgelbalg der Pfarrkirche St. Nikola in Oberndorf angefressen, worauf der Organist Franz Xaver Gruber und der Hilfspriester Joseph Mohr für die bevorstehende Weihnachtsnacht spontan ein Lied verfasst hätten, das sie auch selbst in der Christmette am 24. Dezember 1818 mit Gitarrenbegleitung des Komponisten zu Gehör brachten.

Zeichnung von Fritz Kunz für den Kalender „Kunst und Leben 1910“.

Ein zeitgenössisches Gemälde zeigt die Nikola-Kirche am 24. Dezember 1818. Die Oberndorfer drängen in die Kirche zur Weihnachtsmette. Sie sollten die Erstaufführung des Weihnachtsliedes „Stille Nacht, heilige Nacht“ miterleben.

Bild: Gang zur Mitternachtsmesse in die alte „St.-Nikolaus-Kirche“, Fachlehrer Franz Fischer, Stille Nacht Museum Oberndorf

Gedicht zur Entstehung des Liedes „Stille Nacht“:

24.12.1818

In jener Nacht
geschah kein großes Ding,
denn alle Nächte
sind vor jener Nacht gering,
in der uns Gott, der Herr
geboren ward.

Und doch –
da kam aus übergroßer Lieb‘
ein Wort! Ein Klang
erhob sich jäh und blieb
(gleich einem Stern)
der Menschheit aufbewahrt
zum Trost!

Gott selber war gerührt
und alle Engel sangen
in jener Nacht,
sein Lächeln zu empfangen ...

aus dem Buch
„Vor einem Haselzweig – Gedichte“
von Karoline Brandauer

Weihnachten 2015

Auf der Weihnachtsmarke 2015 aus Deutschland ist die alte, verschneite St. - Nikola - Kirche in Oberndorf bei Salzburg angedeutet, in welcher die Kirchengemeinde gemeinsam das Lied „Stille Nacht“ singt.

Das Weihnachtslied „Stille Nacht, heilige Nacht“ auf Ansichtskarten

Ein Weihnachtslied schafft geistige und seelische Gemeinschaft zwischen den Singenden und den Zuhörenden – ganz besonders „Stille Nacht, heilige Nacht“. Im Zeichen des Weihnachtsfestes hat es eine religiöse und große soziale Bedeutung. Gerade im Lichterglanz unter dem Christbaum der Familie kommt beim Singen des Weihnachtsliedes eine kindliche Freude und ein behütetes, geborgenes Gefühl auf.

Stille Nacht, heilige Nacht!
Fröhliche Weihnachten!
1904

Postkarte zur 100-Jahr-Feier von „Stille Nacht, heilige Nacht“.
Die Folgen des 1. Weltkrieges 1914-1918 verhinderten eine größere Jubiläumsfeier.
Das Original befindet sich als Gemälde im Stille-Nacht-Museum in Oberndorf.

1938

Orig. Holzschnitt
F. Fischer
Stille Nacht, heilige Nacht
Oberndorf 1818

Stille Nacht
Heilige Nacht

Stil - le Nacht, hei - li - ge Nacht, al - les schläft, ein - sam wacht,

29. Stille Nacht, heilige Nacht.
Stil - le Nacht, hei - li - ge Nacht!
Al - les schläft, ein - sam wacht
Gesegnete
Weihnachten

Als das Lied „Stille Nacht, heilige Nacht“ zum Weltfriedenslied wurde

Gerade im 1. Weltkrieg spielte das Lied in den Schützengräben entlang einer etwa 50 Kilometer langen Kampflinie in Ypern/Flandern und Umgebung zum ersten Mal in schwierigster Situation die Rolle eines Friedensliedes, britische und deutsche Soldaten schlossen den sogenannten „Weihnachtsfrieden“. Es war Krieg, aber keiner wollte schießen: An Weihnachten 1914 kletterten mitten im 1. Weltkrieg die Gegner aus ihren Schützengräben und begannen, gemeinsam Weihnacht zu feiern.

Am Himmel stand ein blasser Mond. Bleich, als hätte er die Farbe der Toten angenommen, die unten, im Schlamm, im Stacheldraht, im Niemandsland lagen. Am frühen Abend des 24. Dezember 1914 war der britische Gefreite Frederick W. Heath sicherlich so traurig wie an keinem anderen Tag. Nur das Quietschen der feuchten Stiefel war zu hören, ab und zu ein geflüsterter Befehl und der Wind, der über das fremde Land fegte. Die Hände taten ihm weh von der feuchten Kälte. Er lehnte an der Wand des Schützengrabens. Er starrte durch eine Luke auf den Graben an der anderen Seite, etwas 200 Meter entfernt, dort, wo die Deutschen saßen, hinter aufgeschütteter Erde, die wie Grabhügel aussahen. Frederick W. Heath dachte an zu Hause, an die Lichter, die jetzt entzündet wurden in den warmen Zimmern. In Gedanken hörte er das Lied „Silent night“, weit weg. Er fragte sich, warum er hier sei. Weil es jemanden geben müsse, sagte er sich, der die Häuser mit den warmen Zimmern verteidigt. Die Front war erstarrt. Weihnachten, das hatten er und so viele andere Soldaten geglaubt, als sie im Sommer 1914 trunken vor Euphorie an die Front marschierten, Weihnachten sollte der Krieg zu Ende sein. Aber Weihnachten ging gar nichts mehr an der Westfront, die vom belgischen Nieuwpoort an der Nordsee bis zur Schweizer Grenze im Süden reichte und an der sich Deutsche auf der einen, Belgier, Franzosen und Briten auf der anderen Seite gegenüberlagen.

Kein Wunder, dass der britische Gefreite Frederick W. Heath nicht in Weihnachtsstimmung war. Der genaue Abschnitt, an dem er sich befand, ist nicht bekannt. Er schrieb, dass es sich bei den deutschen Gegnern um Westfalen handelte. Unbekannt ist, was aus Heath geworden ist. Hat er den Krieg überlebt? Bekannt ist nur, dass seine Schilderung am 9. Januar 1915 in der britischen „North Mail“ erschien. Sie ist eine von zahllosen Beschreibungen eines Ereignisses, das als „Weihnachtsfrieden“ in die Geschichte eingegangen ist, als an zahlreichen Abschnitten der Westfront die Soldaten spontan die Waffen niederlegten, um gemeinsam, mitten im Krieg, Weihnachten zu feiern. Belgier und Franzosen reichten Deutschen die Hände. Das geschah auch, aber meistens waren es Briten und Deutsche, die einander freundschaftlich begegneten. Sie sangen „Stille Nacht, heilige Nacht“ und „Silent night, holy night“. Sie zeigten Fotos von ihren Liebsten. In der Nähe des französischen Dorfes Fromelles feierten sie einen Gottesdienst. Sie rezitierten „Der Herr ist mein Hirte“, den 23. Psalm, in Deutsch und in Englisch.
Es war weit nach Mitternacht, als sie wieder ihre Schützengräben einnahmen.

„Hier hatte das Weihnachtslied mitten im bitteren Ernst des heimtückischen Grabenkrieges ein Wunder gewirkt und von Mensch zu Mensch eine Brücke geschlagen“, schrieb der preußischdeutsche Kronprinz Wilhelm.

Quelle:welt/picture-alliance / Mary Evans

„Stille Nacht, heilige Nacht“ auf Weihnachtskarten im Krieg

Der Friedenswunsch lag in aller Herzen.

Sehnsucht nach Frieden

Fröhliche Weihnachten.
Amag
K 84

Weihnachtsgruß.
Hoch oben im Himmel
der Englein Gebet,
Für dich Gottes Schutz
und Segen erfleht!

Innige Weihnachtsgrüße!
„Heiliger Abend im Feindeslande"

Kriegsweihnachten 1916

Postkarte für
Kriegsgefangene:
Dieser Linolschnitt
wurde im Dezember
1944 von New York
(USA) nach Weischlitz in
Deutschland versendet.

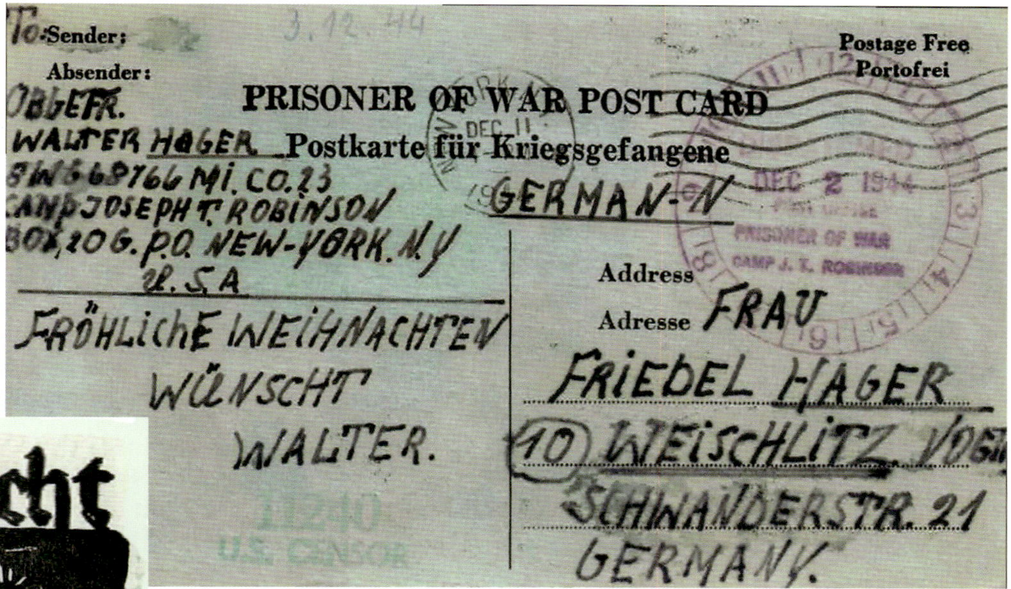

Himmlische Ruh´?
Stille Nacht?
Chaos – Hunger – Terrormacht!
Heilige Nacht?
Weltzerstörung – Bombenfracht ......
Alles schläft?
Wacht endlich auf!
Einsam wacht:
Durchbrecht des Bösen Lauf!
In himmlischer Ruh´
träume vom Frieden auch Du ......

Johann Bernauer, Laufen

6. Kapitel: Verbreitung des Liedes. Das Weihnachtslied tritt vom Zillertal aus seine Reise um die Welt an

Dass das Lied „Stille Nacht, heilige Nacht“ aus Oberndorf weitum bekannt wurde, wird zuallererst dem Orgelbaumeister Karl Mauracher (1789–1844) aus Fügen zugeschrieben. Er reparierte die desolate Orgel der St.-Nikola-Kirche in Oberndorf, hörte die Melodie. Karl Mauracher (* 24. Oktober 1789 in Kapfing, Tirol; † 24. Mai 1844 ebenda) stammte aus der bekannten Tiroler Orgelbauerfamilie Mauracher (Fügener Linie). Er führte die Orgelmacher-Werkstätte seines Vaters Andreas Mauracher weiter.

Nach einer in mehreren Varianten überlieferten Tradition soll Karl Mauracher das Lied „Stille Nacht“ aus dem Salzburgischen in das heimatliche Zillertal gebracht haben, von wo aus es durch Volkssänger weiterverbreitet wurde und seinen Weg in die gesamte Welt fand. Karl Mauracher war 1821 bei Franz Xaver Gruber bzw. mit der Reparatur der Orgel der Arnsdorfer Wallfahrtskirche Maria im Mösl beschäftigt; eine Überlieferung, die sich nicht belegen lässt. Für den Neubau der Kirchenorgel in St. Nikola allerdings, den er zeitgleich mit dem Orgelbau in der Vikariatskirche in der Faistenau 1825 ausführte, hatte er schon im Jänner 1824 den Kostenvoranschlag erstellt. Franz Xaver Gruber schrieb selbst in seiner „Authentischen Veranlassung“, das Lied sei von einem „bekannten Zillertaler“ nach Tirol gebracht worden. Der von Gruber gewählte Titel „Authentische Veranlassung“ mag zur Skepsis mancher Zweifler beigetragen haben, denn das Wort wird im gruberschen Sinne heute nicht mehr verwendet, stattdessen würden wir von einer Sachverhaltsdarstellung sprechen.

Maurachers für 1824/25 belegbare Zusammenarbeit mit Gruber erklärt allerdings nicht, warum sich das Lied im Kirchenliederbuch des Tiroler Organisten Blasius Wimmer schon mit der Datierung „22. Juli 1819“ fand.

Bereits 1819 sang man das Lied in Fügen zur Christmette. 1822 trugen es die Rainer-Sänger dem Habsburger Kaiser Franz I. (Österreich) und Zar Alexander I. (Russland) im Kaiserzimmer im Schloss Fügen vor. Die Rainer-Sänger gaben es an die Geschwister Strasser weiter. Diese sangen Tiroler Lieder in Leipzig und unter anderem das Lied „Stille Nacht“. Vor allem die schlichte und doch eingängige Melodie gewann die Aufmerksamkeit des Publikums.

Die Geschwister Rainer aus Fügen

Seit dem frühen 19. Jahrhundert bereisten musizierende Gruppen in unterschiedlicher Besetzung nahezu ganz Europa und kamen bis nach Amerika und Australien. Die größten Erfolge hatten vor allem Zillertaler, beispielsweise die Geschwister Rainer aus Fügen, die 1827 am englischen Königshof auftraten und deren Repertoire in einer Londoner Druckausgabe erschien. Ursprünglich trugen die in bunter Tracht ihrer Heimat attraktiv gekleideten Sänger Tiroler Volkslieder vor. Die weltweite Verbreitung des Weihnachtslieds „Stille Nacht" ist ebenfalls den Tiroler Nationalsängern zu verdanken.

Die Geschwister Strasser, die Tiroler Sänger

Die Strassers betrieben neben ihrer kleinen Landwirtschaft den Handel mit Handschuhen. Der verwitwete Vater Lorenz Strasser war mit seinen Kindern auf Märkten der näheren und weiteren Umgebung unterwegs, wobei die Kinder auch als Gesangsgruppe auftraten. Mit ihren „ächten Tyroler Liedern“ hatten sie großen Zulauf. 1831 hatten Anna (* 1802), Joseph (* 1807), Amalie (* 1809) und Caroline (* 1813) ihren Stand auch auf dem Leipziger Weihnachtsmarkt. In ihrem Repertoire befand sich auch ein Lied, das der Zillertaler Orgelbauer Karl Mauracher in den 1820er Jahren anlässlich einer Orgelreparatur in Oberndorf bei Salzburg kennengelernt und mit ins Zillertal gebracht hatte, wo es sehr beliebt wurde. Sie wissen es bereits: Es war „Stille Nacht, heilige Nacht“.

„Stille Nacht“ in Leipzig

Aus heutiger Sicht stellt sich freilich die Frage, was wäre mit dem Lied „Stille-Nacht“ ohne jene Sänger geschehen, und hätte nicht der musikkundige Orgelbauer und Liedersammler Karl Mauracher das Weihnachtslied kennen und schätzen gelernt. Nicht nur die Tiroler jedoch liebten es auf Anhieb, sondern der ganzen Welt sollte es gleich gefallen.

Dem heutigen modernen Begriff der „Globalisierung“ eilte so gesehen „Stille Nacht“ weit voraus. Die Sängerfamilie Strasser nahm es gleich in ihr Liederrepertoire auf. Den Lebensunterhalt bestritt diese Familie aber im Gegensatz zu den Rainer-Sängern in erster Linie mit Naturprodukten – mit der Erzeugung und dem Verkauf ihrer Handschuhe, Socken, Strümpfe und anderem mehr. Die Strassers nahmen „Stille Nacht“ mit auf ihre Handelsreisen und trugen so ebenfalls wesentlich zur Verbreitung des Liedes bei. Animiert vom Viehhändler Joseph Rainer wagten die Strasser-Geschwister 1831 eine Reise zum Leipziger Weihnachtsmarkt, um dort ihre Produkte anzubieten. Die Früchte ihrer Sangesfreude sollten im Laufe der Zeit etwas mehr als nur ein Zubrot werden.

Die Pleißenburg war ein historisches Bauwerk am damaligen Rand der sächsischen Stadt Leipzig. Das im 13. Jahrhundert errichtete Gebäude wurde 1549 als Festung neu aufgeführt und 1897 abgebrochen. Heute befindet sich an dieser Stelle das Neue Rathaus. Die Geschwister Strasser sangen im Dezember 1831 im Schloss Pleißenburg und trugen Tiroler Lieder vor, darunter auch „Stille Nacht, heilige Nacht“.

Friedrich Wilhelm IV. von Preußen lässt die Liedschöpfer suchen

Stille Nacht“ fand nicht nur beim gemeinen Volk Anklang, sondern auch in gehobenen Kreisen. Zur Mette 1831 waren die Strassers eingeladen, im Kreise der katholischen Gemeinde Leipzig „Stille Nacht“ zu singen. 1832 waren sie zum Gewandhauskonzert eingeladen und sangen das Lied ebenfalls. Hierbei war offenbar auch der Verlagsinhaber A. R. Friese zugegen, machte sich entsprechende Notizen und brachte eine erste Veröffentlichung heraus.

1835 sangen die Strassers gar bei König Friedrich Wilhelm IV. von Preußen vor. Beschleunigt wurde die Verbreitung auch mittels Druckwerken in religiösen Heften wie auch in Schulbüchern. König Wilhelm IV. von Preußen (1840-1861) ließ sich alle Jahre vor Weihnachten vom Berliner Domchor „Stille Nacht“ vorsingen. Allüberall verbreitete er so das Lied, und alle Menschen hörten es gerne.

Musikfreunde schrieben es nach dem Gehör auf und sangen es immer wieder. Insbesondere in Tirol eroberte der Gesang dieses Liedes alle Herzen, und die Tiroler Händler erzählten auf den großen Märkten in Deutschland von dem neuen Weihnachtslied. Sie boten es gleichzeitig mit ihren Waren an. Die Handschuhmacherfamilie Straßer war vor allem um das Lied bemüht. Amalia, Lina, Peperl und der Bruder Anderl wurden, wenn sie in Deutschland ihre Waren feilboten, oft zu Konzerten eingeladen und sangen dann Tiroler Lieder, dabei auch „Stille Nacht, heilige Nacht“. Der Lehrer Ascher, Organist der katholischen Gemeinde Leipzig, hatte die Geschwister gebeten, das Lied in der königlichen Hofkapelle der Pleißenburg vorzutragen.
Ein Jahr später, am 15. Dezember 1832, berichtete das „Leipziger Tagblatt“ von dem Erfolg des Liedes, und ersuchte die Geschwister Strasser, es beim Weihnachtskonzert im Saal des Hotels „de Pologne“ wieder vorzutragen. Die Geschwister haben diesem Wunsche freundlich entsprochen. Der Verleger A. R. Friese aus Dresden war von dem Lied so begeistert, dass er es von einem Sachverständigen nach dem Gehör aufschreiben ließ. Allüberall hatten die Strassers mit ihrem Gesang großen Erfolg. „Stille Nacht“ wurde immer wieder aufgeschrieben und weitergegeben. Das Lied begann seinen Siegeszug um die Welt. Es verbreitete sich in Sachsen, wurde das Lieblingslied Friedrich Wilhelms IV. von Preußen und erschien 1845 zum ersten Male gedruckt in verschiedenen Liederbüchern.

Ein denkwürdiger Abend in der Historie des Stille-Nacht-Liedes war schließlich Weihnachten 1853: In der Kapelle des Berliner Schlosses trug man es König Friedrich Wilhelm IV. vor. Er schlug beim Zuhören das Gesangbuch auf und verfolgte Strophe um Strophe. Jedoch fand sich über den Strophen nur der Hinweis: „Komponist und Autor unbekannt".

Der ordnungsliebende König empfand das als große Nachlässigkeit. Wie konnte es überhaupt möglich sein, dass in einem öffentlich zugelassenen, preußischen Gesangbuch solch ein Vermerk stand? Er beauftragte seinen Konzertmeister, den Schöpfer des Liedes auszuforschen, damit man den Namen des Betreffenden im Liederbuch nachtragen könne. Dies verursachte dem Hofmusikus wohl schlaflose Nächte und beschwor einen musikhistorisch bedeutsamen Briefwechsel herauf. Der Konzertmeister schrieb zuerst nach Wien, hoffend, hier die Auskunft für seinen königlichen Herrn zu erhalten. Die Antwort war enttäuschend, denn man wusste hier ebenso wenig über die Entstehung des Liedes wie in Berlin. „Stille Nacht, heilige Nacht" wurde zwar auch in Österreich alljährlich zu Weihnachten gesungen, aber niemandem war es bisher eingefallen, nach dem Urheber zu fragen. Viele Leute meinten, dass der Gesang im Volke entstanden wäre. „Es ist eine Volksweise", sagten sie. „Einen Komponisten kennen wir nicht. Den gibt es gar nicht. Irgendwer hat es einmal gesungen. Wo und wann, das wissen wir nicht. Aber weil es so schön ist, haben wir es liebgewonnen und singen es weiterhin."

Der preußische König ließ sich nicht so leicht abfertigen. Sein Ordnungssinn verlangte es, dass der Name des Urhebers bei den Verszeilen im Gesangbuch stand. In Salzburg, so hatte er gehört, wurde das Lied am meisten gesungen. So musste der Dirigent seiner Hofkapelle eilends nach Salzburg reisen, um in der Mozartstadt den Komponisten des Weihnachtsgesanges zu ergründen. Der Berliner Konzertmeister reiste mit der Postkutsche nach Salzburg und hatte während der ganzen Reise wohl nur eines im Sinn: „Werde ich hier den Dichter und Komponisten des Liedes finden?" Er wusste, dass sein hoher Herr sehr eigenwillig war und nicht nachgab, bevor er der Sache auf den Grund gekommen war. Würde sich die Urschrift vielleicht im Notenarchiv der Salzburger Benediktinerabtei Sankt Peter finden lassen? Hier gab es ja etliche Manuskripte von Michael Haydn, dem Bruder des berühmten Joseph Haydn. Vielleicht hatte er das Lied komponiert, vielleicht fand sich unter den Abschriften ein Hinweis, eine Spur.

Pater Ambrosius Prennsteiner half beim Suchen, aber nirgends war nur der geringste Hinweis zu entdecken. Der Konzertmeister musste unverrichteter Dinge heimkehren. Er wollte den König nicht verstimmen und beschloss daher, in das Gesangbuch unterhalb von „Stille Nacht, heilige Nacht" den Vermerk zu setzen: „Angeblich von Michael Haydn".

Pater Prennsteiner in Salzburg hingegen gab die Suche nach dem Urheber des Liedes nicht auf.

Eine „falsche“ Tonart weist den Weg zum Komponisten

Wie so oft im Leben sollte es auch hier ein Zufall sein, der den Suchenden auf die Spur des Komponisten und des Textdichters führte.

Denn eines Tages bemerkte Pater Prennsteiner, dass einer seiner Gesangschüler in Sankt Peter, der kleine Felix Gruber, in der Vorweihnachtszeit das Lied „Stille Nacht, heilige Nacht“ in einer falschen Tonart sang – nämlich in D-Dur, anstatt in C-Dur, wie es im preußischen Gesangbuch stand. Folgende Unterhaltung zwischen Pater und Knabe dürfte sich entsponnen haben: „Weshalb singst du das Lied in D-Dur und dazu noch im Sechsachteltakt, Felix? Das ist unrichtig.“ – „Oh nein, Herr Chorinspektor. Bei uns zu Hause wird es so gesungen.“ – „Was heißt das, bei uns zu Hause? Willst du damit sagen, dass es auch noch eine andere Singart gibt? Dein Vaterhaus ist doch, soviel ich weiß, in Hallein.“ – „Jawohl, Herr Chorinspektor. Aber wir singen das Lied schon immer so, denn mein Vater hat es ja selbst komponiert.“ Pater Prennsteiner wird darüber ebenso erstaunt wie erfreut gewesen sein. Denn wenige Tage später fuhr er nach Hallein bei Salzburg und suchte den Schullehrer und Organisten Franz Xaver Gruber auf. Man kann sich denken, dass dieser nun seinerseits über den Besuch des Salzburger Chorinspektors sehr erstaunt war: Weshalb beehrte ihn der Pater? Hatte am Ende sein Bub etwas angestellt, etwas, das er ihm nur mündlich sagen konnte? Was wollte der Mann, dass er sich extra von Salzburg in das abgelegene Hallein bemühte?

Der Herr Chorregent setzte sich auf den ihm dargebotenen Stuhl, stützte die Hände auf den Tisch und sagte: „ Der Preußenkönig fahndet nach dem Lied, das euer Bub in D-Dur singt, obwohl es im dortigen Gesangbuch in C-Dur vermerkt ist. Habt ihr es wirklich komponiert, lieber Gruber, oder lügt euer Bub? Und wer ist der Textdichter? Habt ihr die Verse auch erdacht?“ Gruber atmete auf, auch wenn es ihm nicht in den Sinn wollte, dass ein König nach seinem Lied fahndete. Er erwiderte: „Natürlich habe ich das Lied komponiert. Es ist ein Menschenalter her, ungefähr 36 Jahre. Es war am 24. Dezember 1818. Damals überreichte mir der Pfarrvikar Joseph Mohr in Oberndorf an der Salzach ein sechsstrophiges Weihnachtsgedicht, ersuchte mich, es zu vertonen, denn die Orgel war beschädigt und wir brauchten dringend ein Lied für die Weihnachtsmette. Wir mussten es auf der Gitarre präludieren und begleiten. Ich habe es in D-Dur auf das Notenpapier gebracht. Die Berliner haben scheinbar den Sopranschlüssel für den Violinschlüssel gehalten.“

Sinnierend fügte er hinzu: „Ich wurde für die Dauer der Heiligen Nacht zum Komponisten und Joseph Mohr zum Dichter. Mein lieber Freund ist schon vor sechs Jahren in Wagrain gestorben. Das war am 4. Dezember 1848. Er ist sein Leben lang arm geblieben und hat sich die Todeskrankheit auf einem Versehgang nach einem entlegenen Bergbauernhof während der kalten Jahreszeit geholt.“

Quelle: Dr. Anna Holzner, Hallein

Authentische Veranlassung“ 1854
von Franz Xaver Gruber als Komponist

Bevor nun Pater Prennsteiner von Hallein wieder nach Salzburg fuhr, forderte er Gruber auf, die Entstehung des Liedes niederzuschreiben. Gruber verfasste daraufhin einen Bericht an die preußische Majestät. „Es war am 24. Dezember 1818...“, und sandte das Schreiben nach Berlin.

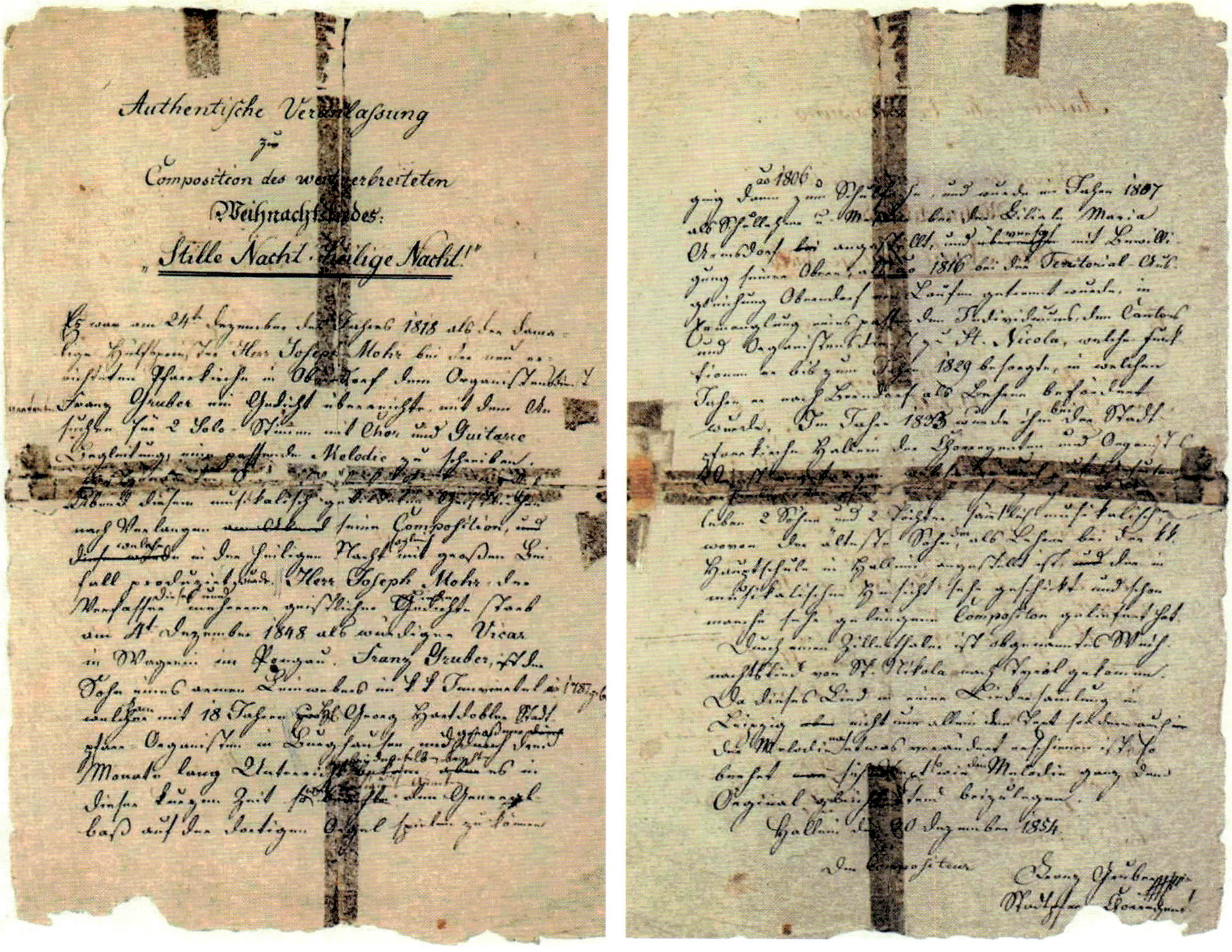
Authentische Veranlassung
zur
Composition des weit verbreiteten
Weihnachtsliedes:
„Stille Nacht, heilige Nacht!“

[illegible]

Original im Stille-Nacht-Museum Hallein

Dankschreiben von König Wilhelm IV.

Einige Zeit später erhielt Gruber einen Brief von König Friedrich Wilhelm IV., worin er ihm die allerhöchste Anerkennung für die Komposition des Liedes „Stille Nacht, heilige Nacht“ aussprach. Franz Xaver Gruber fühlte sich sicherlich sehr geehrt und freute sich über die Anerkennung des Königs.
Franz Xaver Gruber war zu dieser Zeit Chorregent, Choralist und Organist in Hallein, wo er auch am 7. Juni 1863 im Alter von 67 Jahren verstarb. Er fand seine Ruhestätte auf dem Friedhof neben der Pfarrkirche.

Sein Grabstein ist in die Mauer des Mesnerhauses eingelassen, trägt seinen Namen und den Reim:

„Was er im Land gelehrt, geahnt im Reich der Töne,
Am Urquell schaut er's nun: das Wahre und das Schöne.“

Grubers Grabstätte und Wohnhaus in Hallein wurde 1935 restauriert, an seiner Dienstwohnung ließen amerikanische Lehrer aus Los Angeles eine Bronzetafel anbringen, die bekundet:

„Zu Ehren eines Lehrers für seine Weltbotschaft des Friedens und der Versöhnung.“

Franz Xaver Gruber verbrachte mit seiner Familie 21 Jahre in Arnsdorf. Er war als Mesner, Organist und Lehrer tätig. Im ältesten Schulhaus Österreichs, in dem noch heute unterrichtet wird, lehrte er und wohnte im ersten Stock. Hier ist heute das „Stille Nacht Museum“ untergebracht, ebenerdig befindet sich der neue Klassenraum.

Das Schulhaus in Arnsdorf bei Lamprechtshausen und die Kirche Maria im Mösl, einer der ältesten Marienwallfahrtsorte Österreichs.

Das „Weihnachtsgeschenk Österreichs an die Welt“

Schon 1891 konnte der „Stille-Nacht“-Forscher Josef Bletzacher nachweisen, dass man das Lied mit übersetztem Text in England, in Schweden und in Britisch-Indien sang. Die Landbevölkerung der USA kannte es 1873 aus einem Notenbuch als „Choral of Salzburg“ und der Missionar P. Andreas Dietrich in Hammerfest stellte bereits in den 1890er Jahren fest, dass der Sang in Norwegen als „Evangelisches Volkslied“ gesungen wurde.

Als Erzabt Petrus Klotz vom Stift St. Peter in Salzburg eine Weltreise unternahm, hörte er das Lied oft als „Old German Song“. Missionare hatten es bis in das Kapuzinerkloster Betthia am Fuße des Himalaya gebracht. Auch in Neuseeland, in Ostafrika, in Südamerika, am Äquator sangen es Indianer und im Sudan Araber in ihrer eigenen Sprache. Auch eine ladinische und chinesische Bearbeitung wurde dank der Forschung von Franz Peterlechner aufgefunden. Allüberall, wo das Brauchtum der Weihnacht bekannt ist, ertönt heute in der Christnacht das Lied „Stille Nacht, heilige Nacht“.

Alexis Steiner gebraucht in seinem Buch „Die stille, die heilige Nacht“ die weisen Worte: „Manches Kunstlied, von einem begnadeten Menschen geschaffen, ist zum Volkslied geworden, vor allem in jenem Volke, dem der Schöpfer des Liedes angehörte. „Stille Nacht“ überschritt alle Grenzen, auch die jeglichen Volkstums. „Silent Night?“ sagte ein Amerikaner, „ach, das ist ein altes amerikanisches Volkslied von uns zu Hause.“ Von uns zu Hause... Er hatte nicht unrecht, denn er fühlte es so, obwohl das Lied zu ihm über den Ozean und die Prärien gezogen war.“

Dann fährt der Dichter fort und seine Worte sind überzeugend: „Auch Franz Gruber hat das Motiv zu seinem Lied gewiss der Seele des Volkes entnommen. Zu großangelegten musikalischen Schöpfungen wohl kaum geschult, hat der Dorfkirchenorganist eines mit der Unbeirrbarkeit eines Beseelten getan: er hat, von den Gedanken seines Freundes Mohr angeregt, ein in den Kinderstuben, vielleicht auch auf den Fluren seiner Heimat lebendiges Liedmotiv behutsam zu einer Melodie, zu einem Lied geformt und erhoben. Aber Gruber hat komponierend nur einen Schritt getan, einen Schritt aufwärts zwar, aber eben nur jenen einen Schritt, den er tun musste, um sein Lied aus der Ebene des alltäglichen Schiffer- und Bauernlebens in die Kirche zu tragen, jenen einen Schritt, der die neue Sphäre gewinnt und doch das Band zum Mutterboden des Volkes nicht zerreißt. Hier mag die Ursache der Volkstümlichkeit des Liedes liegen.

„Stille Nacht“ ist ein Kunstlied, ein Kirchenlied und ein Volkslied von der Stunde des Entstehens an. Und will es dem Volk in jeder Phase seines tönenden Wesens nahe und verständlich bleiben, weil das Volk, aus dem es kam, das Lied gerne wieder aufnahm, wurde die Weise von der stillen, der heiligen Nacht zum Weihnachtsgeschenk Österreichs an die ganze Welt.“

Der reisefreudige Erzabt Petrus Klotz aus Salzburg

Wappen von Erzabt Petrus Klotz in der Benediktiner-Erzabtei St. Peter in Salzburg

Der natur- und kulturverbundene Petrus Klotz (getauft auf den Namen Karl Borromäus) kam aus Südtirol nach Salzburg, um 1898 in den Benediktinerorden des Erzstiftes St. Peter einzutreten. Am 22. September 1901 weihte ihn der bis dato letzte Kardinal Salzburgs, Erzbischof Johannes Baptist Katschthaler, zum Priester. Am 20. Dezember 1922 wurde Klotz als Nachfolger von Willibald Hauthaler zum Abt des Stiftes St. Peter gewählt und dadurch auch, nach der Erhebung des Stiftes zur Erzabtei, ab 1927 der erste Erzabt.

Schon früh war bei Klotz das Interesse an fremden Kulturen und Ländern erwacht. So reiste er bereits im Alter von elf Jahren alleine nach Afrika. In den Jahren 1912-1916 unternahm er im Dienst der katholischen Presse eine Weltreise, die auch literarischen Niederschlag fand. Auf seinen Reisen hörte der Salzburger Erzabt das Lied „Stille Nacht" oft als „Old German Song".

Quelle/FotoSalzburgwiki /ÖCV

„Stille Nacht“ in Afrika

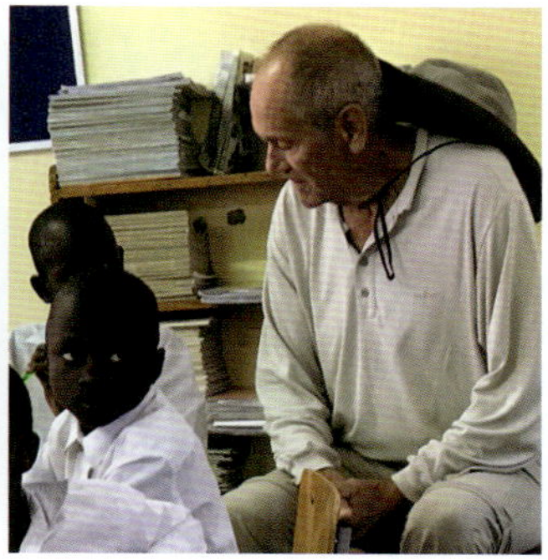

Langjährige Freunde des Autors, Gisela und Peter, erfüllten sich 2017 einen Traum und besuchten Namibia in Südafrika. Mit einem Geländewagen fuhren sie zum Abschluss der Reise durch Namibia. Hier kamen sie am 9.10. durch Zufall beim Waisen- und Bildungshaus J. P. Brand in der Wüste vorbei.
Sport und Spiel macht allen Kindern Spaß – egal, wo auf der Welt. Deshalb wurde durch eine Spendenaktion tüchtig Geld gesammelt. Den Fehlbetrag hat die Chamäleon Stiftung noch dazugegeben und somit konnten sich die Kinder der J.-P.-Grundschule in Namibia über einen Sportplatz freuen. Es war ein größeres Unterfangen gewesen, einen Sportplatz inmitten der afrikanischen Wüste zu errichten. Jetzt aber stehen die Fußballtore und der Basketballkorb im heißen Sand und werden von vielen flinken Füßen und hurtigen Händen umrundet, beschossen und beworfen.
Beim Abschied von Gisela und Peter hatten sich die Kinder und Betreuer im Hof versammelt. Ausgangspunkt war die Frage, woher Peter, selbst Sportlehrer, kommt. Er antwortete, „aus Austria, in der Nähe von Salzburg.“ Von den Gesichtern konnte man ablesen, sie kannten Salzburg nicht. Peter fing jetzt an, leise das „Stille Nacht Lied“ zu singen. Gisela sagt in Erinnerung an damals: „Ich werde es nie vergessen, als die schwarze Namibianerin mit ihrer wunderbaren Stimme einsetzte, begleitet von ihren Kollegen und teilweise der Kinder, textsicher in Englisch.“
Nach diesem beeindruckenden Ereignis fuhren die beiden in ihre Unterkunft. Am Abend des 17.10. traf sich die Reisegruppe vor dem Lagerfeuer, man sprach, trank und ließ den Urlaub ausklingen. Mit einem Mal wurde es um Peter still, er sackte in sich zusammen, ein Herzinfarkt beendete sein Leben.

Stille Nacht, heilige Nacht!
alles schläft, einsam wacht
nur das traute hochheilige Paar.
Holder Knabe im lockigen Haar:
Schlafe in himmlischer Ruh,
Schlafe in himmlischer Ruh!

Verbreitung des Liedes durch das Theaterstück „Stille-Nacht-Spiel“

Auch der Heimatschriftsteller Michael Gundringer hat durch die Aufführung seines Theaterstückes „Stille Nacht“ sehr zur weiteren Bekanntheit des Liedes beigetragen.
Gundringer übertrug die von Dr. Franz Otto Genischen aus Berlin verfasste Dichtung in sein Bühnenstück „Stille Nacht“ und führte es erstmals 1914 mit großem Erfolg auf. Die weiteren Vorstellungen in Oberndorf und Hallein fanden ebenfalls großen Zuspruch, berichtet die Salzburger Presse nach Franz Peterlechners Schrift von 1917. Gundringer überarbeitete seine Darstellung nochmals 1917 und 1920.

Theatergruppe der Notgemeinschaft Laufen:
Weihnachtsaufführung „Stille-Nacht-Spiel“ von Michael Gundringer
in der alten Stadthalle im Schloss-Nebengebäude (Daubengasse), Dezember 1950

Ein Puppenspieler verbreitet das Lied „Stille Nacht“

„Stille Nacht, heilige Nacht“ erklingt schon ein Jahr nach seiner Entstehung in der 600 Jahre alten Dorfkirche St. Marien im hannoveranischen Isernhagen – vorgetragen von einem Puppenspieler. Jetzt hat Marlies Bertram, Mitglied der Theatergesellschaft, ein kleines Schauspiel angeregt, das an diese erste Aufführung des Liedes in Hannover zu Weihnachtszeit 1819 erinnern sollte.

In einem Bericht der örtlichen Presse ist zu lesen: „Das Lied „Stille Nacht, heilige Nacht“ ging um die Welt, und heute wird es in 300 Sprachen gesungen. Schon ein Jahr später, 1819, erklang „Stille Nacht, heilige Nacht“ in der 600 Jahre alten Dorfkirche St. Marien in Isernhagen K. B. zu Weihnachten. Vielleicht zum ersten Mal in einem Gotteshaus auf hannoverschen Boden. Was sich damals zugetragen hat, ist aus dem Kirchenbuch zu ersehen. Die Isernhagerin Hilde Mußmann hat es in Verse gefasst. Ein fahrender Geselle, der Puppenspieler Ferdinand Trollmann aus dem Salzburger Land, hatte im Pfarrhaus Aufnahme gefunden und dem Hausherrn zum Dank das Lied vorgetragen. Der Pfarrer war so ergriffen, dass er den Puppenspieler bat, es auch am Heiligen Abend in der Kirche vorzutragen.“

Das historische Ereignis lassen die Isernhagener jetzt in einem Weihnachtsspiel in ihrer Kirche wiedererstehen. Die Akteure sind damals wie heute Einwohner des Dorfes.

Von „Silent Night“ bis zum „Ewigen Lied“

Nach einer umfangreichen Reisetätigkeit in Europa brachen die Rainer-Sänger 1839 zu einer Amerikareise auf, die bis 1843 dauerte. Überliefert ist die Aufführung von „Stille Nacht!“ im Rahmen dieser Reise für den Weihnachtstag 1839 - vermutlich erstmals auf amerikanischem Boden - in New York vor dem Alexander Hamilton Memorial im Friedhof der Trinitiy Church am Ende der Wall Street. Zu Sprachstudien, Festlegung des Reiseprogrammes und Organisation geschäftlicher Angelegenheiten machten die Rainer-Sänger von November 1839 bis Jänner 1840 in New York Station.

1943 stellte die Schriftstellerin Hertha Pauli (1906–1973) fest, dass viele US-Amerikaner das Lied „Silent Night“ für ein „US-amerikanisches Volkslied“ hielten und schrieb darüber in den USA das Buch „Silent Night. The Story of a Song“, in dem sie den eigentlichen Ursprung des Liedes erläuterte

Die Entstehung des Liedes hat im Jahr 1997 der Fernsehregisseur Franz Xaver Bogner (* 1949) in seinem Fernsehfilm „Das ewige Lied“ mit Tobias Moretti dargestellt. Historische Leerstellen wurden mit künstlerischer Freiheit gefüllt. Der Regisseur behauptet: „Das Lied ist ein spiegelverkehrter Alpenjodler und viel älter als das angebliche Autoren-Komponisten-Gespann Joseph Mohr und Franz Xaver Gruber.“

Der Redakteur T. Oliver der Kieler Nachrichten berichtete folgendes in der Weihnachtsausgabe von 1997: „Wer schrieb „Stille Nacht, heilige Nacht?“, ein Regisseur meldet Zweifel an der Urheberschaft von Gruber und Mohr an. Der Direktor des Keltenmuseums in Hallein bei Salzburg, Kurt Zeiler äußerte sich dazu: „Dies sei eine bösartige Klugscheißerei“. Aber die strittige Frage (Anmerkung des Autors: „Die Urheberschaft des Liedes war und ist nie strittig.“) nach den Autoren lässt der Regisseur weitgehend offen. Aus gutem Grund: Um die Dreharbeiten nicht zu gefährden, musste Bogner bei seinen Recherchen höllisch aufpassen. Eine ganze Region drohte sich gegen ihn zu verschwören.

„Mehrere Gesellschaften“, so Bogner, bemühen sich bis heute um die Wahrung des Liedgutes von „Stille Nacht“. Da hat sich etwas Geheimbündlerisches herauskristallisiert.“ Mitglieder seien nicht nur Dorfschullehrer und Volkskundler, sondern auch Schriftsteller und Regisseure.
Die Dreharbeiten fanden im Winter und Sommer 1997 nicht am Originalschauplatz in Oberndorf an der Salzach, sondern in Matrei in Osttirol, in Gmünd in Kärnten und in Waidhofen an der Ybbs in Niederösterreich statt. In Matrei wurde das mehr als 200 Jahre alte Bauernhaus der „Agnes“, im Film eine kräuterkundige Außenseiterin (Krista Posch), gefunden. Das Pfarrhaus, in dem Josef Mohr lebt, steht in Lienz, und die Matreier Kirche St. Nikolaus aus dem 12. Jahrhundert war ein weiterer Drehort. Das historische Städtchen Gmünd in Kärnten wurde in das Oberndorf des 19. Jahrhunderts verwandelt. Dazu wurde unter Mithilfe der Anrainer ein ganzer Stadtteil umgebaut und unter Mithilfe der Gmünder Bevölkerung das Ortsbild verändert. In Waidhofen an der Ybbs entstanden im Sommer 1997 unter teils schwierigen Wetterbedingungen die Flussszenen. Den großen Aufwand mit so vielen verschiedenen Drehorten hätte man sich sparen können. Dies war dem Regisseur jedoch sehr wichtig, um seine Behauptung des „Alpenjodlers“ zu unterstreichen. Aber die eigentliche Geschichte von „Stille Nacht“ wurde durch die Verfilmung „Das ewige Lied“ falsch dargestellt.

Im März 2011 hat die österreichische UNESCO-Kommission das Lied als „Stille Nacht – das Lied zur Weihnacht“ in die Liste des Immateriellen Kulturerbes Österreichs aufgenommen, auch als Repräsentanten für die im gesamten deutschen Sprachraum typischen Weihnachtsfeiern. Die Kommission hat das Lied gleichzeitig zum internationalen UNESCO-Kulturerbe (Gesamtliste) vorgeschlagen.

Seit der ersten Einspielung auf Schallplatte durch das US-amerikanische Haydn Quartet im Oktober 1905 gehört das Weihnachtslied zu den meistverkauften weltweit. Allein die Aufnahme von Bing Crosby aus dem Jahr 1935 erreichte bis 2003 geschätzte zehn Mio. Exemplare.Eine Anfrage bei der GEMA ergab, dass „Stille Nacht, heilige Nacht“ in der Originalfassung urheberrechtlich frei ist und nicht mehr zum Repertoire der GEMA gehört.

7. Kapitel: Die Schifferschützen in Oberndorf

Schifferschützen am Kirchenplatz in Oberndorf um 1894

Die Schifferschützen gehen auf historische Gegebenheiten zurück: Es ist überliefert, dass um 931 der streitbare Schlosshauptmann Watzo von Karlstein bei Reichenhall kriegerische Einfälle in die Schiffersiedlung Laufen unternahm – so mussten die Schiffer zu den Waffen greifen, um sich zu verteidigen. Schon vor der Jahrtausendwende also betätigten sich die Salzschiffer auch als Schifferschützen.
Bereits seit 1100 muss es eine Schifferkirche gegeben haben – diese war die Vorläuferkirche der später erbauten, ersten Nikola-Kirche, die aus der letzten Hälfte des 12. Jahrhunderts stammte. Ihr Patron, der hl. Nikolaus, gilt unter Schiffern und Seeleuten als Beschützer mit besonderer Wirkkraft.

Als Oberndorf im Jahr 1757 samt der über 500 Jahre alten Kirche abgebrannt war, wurde eine Nachfolgerkirche ab März 1770 als Schifferkirche erbaut; finanziert vor allem aus den Erträgen der Salzach-Schifffahrt. Die Pfarrkirche St. Nikola, unten eine Aufnahme um 1895, lag mitten im Markt Alt-Oberndorf an der Salzburger Straße. Sie wurde im Zopfstil gestaltet, ihr Erscheinungsbild war aber ungeachtet dessen schlicht und edel. Von dieser St.-Nikola-Kirche wird in einem späteren Kapitel noch zu lesen sein.

Fronleichnamsprozession 1897: Ein gemeinsames Fest

Anno 1897 fand die letzte gemeinsame Fronleichnamsprozession von Laufen über die alte Holzbrücke nach Oberndorf statt. Die Laufener wanderten dabei über die Brücke bis zur Nepomuk-Statue neben dem „Zollhäusl" und trafen auf die Oberndorfer Prozession mit den „Schöffleut" zusammen. Bis heute wurde nicht mehr gemeinsam gefeiert.

Fronleichnamsprozession und Himmelbrotschutzen

Der Oberndorfer Pfarrer Nikolaus Erber segnet die Hostien auf der Salzachbrücke. Das Brauchtum mit seinen Ritualen ist geblieben, nur wird heute nicht mehr gemeinsam mit Laufen gefeiert. *Foto Copyright by Bernhard Rieger*

An der Salzach in Oberndorf bei Salzburg veranstalten die Oberndorfer das „Himmelbrotschutzen“ zu Fronleichnam: Mit einem Kranz gleiten vier gesegnete, jedoch nicht geweihte Hostien in die Salzach. Dies erfolgt zum Gedächtnis der verstorbenen und ertrunkenen „Schöffleut“. Zu deren Zeit war es eine Voraussetzung, dass die „Schiffer“ nicht schwimmen konnten. Denn dies war der Schutz für die Fracht, dass bei schwierigen Situationen die Männer nicht das Schiff verlassen. Daher sind auch viele Schöffleut ertrunken.

Der landesfürstlich privilegierte Schifferschützen-Corps Oberndorf an der Salzach – heute auch Oberndorfer Schiffergarde genannt – wurde 1278 von Erzbischof Friedrich II. von Walchen gegründet. Ziel war es, die Schiffer auf der Salzach gegen kriegerische und räuberische Überfälle auf den Salzzillen, also auf den Beförderungsschiffen für das „weiße Gold“, zu schützen.

8. Kapitel: Der große Feind, die Hochwässer

Der Fluss bildete durch den Salztransport über Jahrhunderte die Grundlage für den Wohlstand in Laufen/Oberndorf. Schifffahrt, Schiffer, Schiffbauer und damit der ganze Ort gingen unsicheren Zeiten entgegen: Beide Orte kämpften ja schon über Jahrhunderte mit der Salzach, dem reißenden Gebirgsfluss. Die häufig wiederkehrenden Hochwässer, denen man schutzlos ausgeliefert war, stellten eine ständige Bedrohung der Siedlung am Fluss dar. Die Hochwassermarkierungen und Fließgeschwindigkeiten sprechen eine deutliche Sprache.
Dabei sind die verheerenden Hochwässer mit dem Namen Karl Freiherr von Schwarz verbunden. Schwarz, ein Bauunternehmer der Gründerzeit, taucht in Verbindung mit der Salzach immer wieder auf.
Er engagierte sich für die Stadterweiterung von Salzburg. Dabei musste er gemäß einem mit der Stadt geschlossenen Vertrag die Salzach regulieren. Die durch diese Salzachregulierung gewonnenen Grundstücke durfte er behalten und weiterverkaufen. Die Salzachregulierung bewirkte jedoch, dass die Salzach schneller und höher floss. Gerade Laufen und Oberndorf mussten die Zeche bezahlen.

Karl Freiherr von Schwarz wurde durch den Vertrag mit der Stadt Salzburg reich, aber die an der Salzach liegenden Orte noch ärmer als sie schon waren. Die Regulierung der Salzach war mit ein Grund für die vermehrt auftretenden Hochwässer.

Hochwasserscheitel von 1892 bis 2002
nach der Fließgeschwindigkeit cbm/s, Pegel Laufen

Datum	Abfluss	Wasserstand
14.09.1899	3.400 cbm/s	1030 cm
07.09.1920	3.089 cbm/s	985 cm
12.08.2002	2.970 cbm/s	865 cm
13.08.1959	2.863 cbm/s	944 cm
31.07.1897	2.845 cbm/s	907 cm
09.07.1954	2.549 cbm/s	845 cm
12.08.1896	2.387 cbm/s	811 cm
06.06.1892	2.052 cbm/s	740 cm
31.05.1940	1.906 cbm/s	708 cm

Hochwassermarken am Pegelturm in Laufen

Hochwassermarken am alten Zollamt beim unteren Stadtturm in Laufen

Das verheerende Hochwasser 1899 in Oberndorf und Laufen

Spätestens seit 1278 gab es ungefähr dort, wo heute der Europasteg ist, eine hölzerne Jochbrücke über die Salzach. Sie verband den Stadtberg und das Untere Stadttor in Laufen mit dem Fuß des Kalvarienberges in Oberndorf.

Über die Jahrhunderte litten Laufen und vor allem das niedrig gelegene Oberndorf immer wieder unter Überschwemmungen, welche die Brücke beschädigten oder komplett zerstörten, so in den Jahren 1314, 1508, 1567, 1598, 1786 und 1787. Im August 1896 riss ein außergewöhnlich kräftiges Hochwasser wieder einen Teil der Brücke weg. Noch während der Planungen für eine höher gelegene, eiserne Bogenbrücke kam es am 31. Juli und 1. August 1897 zu einem Hochwasser, welches das vorangegangene gar um einen Meter an Höhe überstieg und nicht nur die provisorisch instandgesetzte Holzbrücke erneut wegriss, sondern auch die bisherigen Planungen für die neue Brücke hinfällig werden ließ.

Dieses Hochwasser überstieg die Zufahrtsstraßen zu der bisherigen Brücke um zwei bis drei Meter und beschädigte oder zerstörte fast alle Gebäude in Oberndorf, auch die spätbarocke Nikola-Kirche. Man entschied sich daher zum Bau einer Brücke an der heutigen Stelle, eine Idee, die bis dahin am Widerstand beider Gemeinden gescheitert war. An dieser Stelle lag das Gelände hoch genug, so dass auch die Zufahrtsstraßen hochwasserfrei angelegt werden konnten.

Mit weitreichenden Folgen: Im Zuge des Baus der neuen Brücke wurde das bisherige Oberndorf weitgehend aufgegeben und abgerissen. Ein neuer Ort samt Kirche entstand bei der neuen Brücke. Davon wird später noch zu lesen sein.

Das Hochwasser vom 13. und 14. September 1899 überstieg alle bisher registrierten Marken.

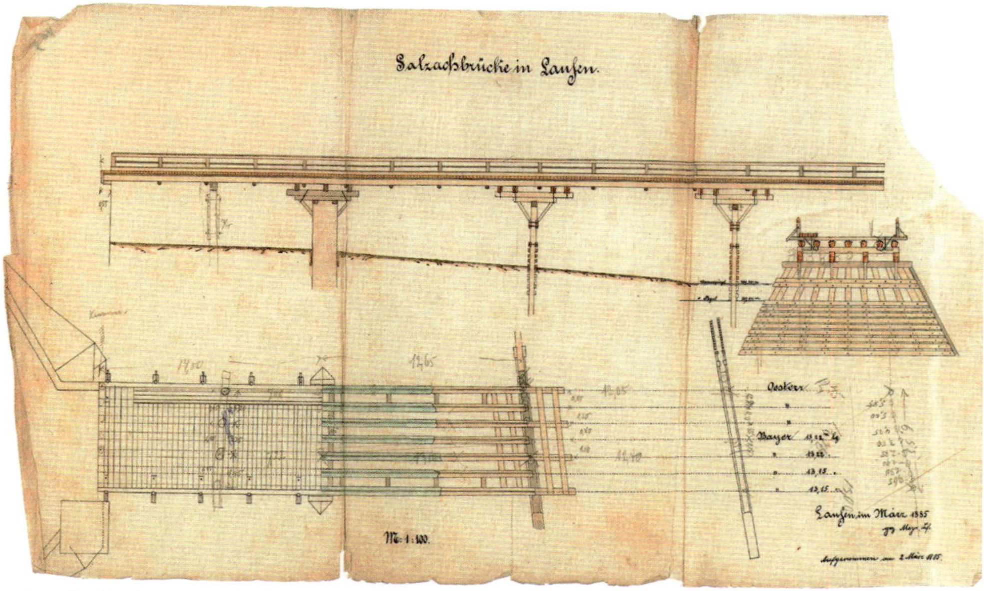

Auch die letzten Pläne für eine höhere Brücke nach 1899 wurden zur Makulatur.

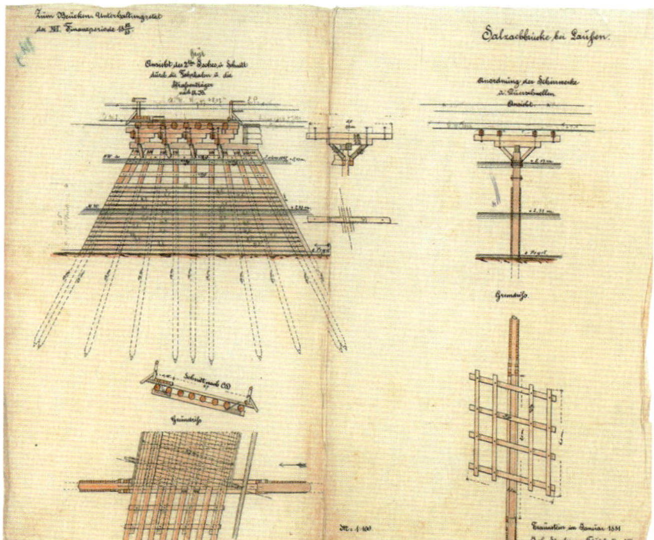

Das Hochwasser riss 1899 die alte Holzbrücke weg. Damit war die Verbindung von Laufen nach Oberndorf und umgekehrt gekappt. Die Bevölkerung schuf mit Flößen samt Aufbau eine Verbindung.

Später wurde auf den Resten der Brücke ein Fußgängersteg errichtet, jedoch riss 1920 ein erneutes Hochwasser auch diesen Steg weg.

Seit dem Jahr 1903 sind Laufen und Oberndorf mit der neuen, hochwassersicheren Brücke aus Stein und Eisen im Ortsteil Neu-Oberndorf verbunden.

9. Kapitel: Wechselvolle Geschichte der St.-Nikola-Kirche in Oberndorf

Wenn Sie ortskundig sind, wissen Sie: In Alt-Oberndorf steht heute keine Kirche. Doch bis 1903 schmückte die St.-Nikola-Kirche den Ortsteil. Die Frage, warum die Nikola-Kirche abgerissen wurde, haben sich seinerzeit viele Zeitzeugen gestellt, und auch heute noch fragen sich historisch Interessierte, wie es zum Abbruch kam. Freilich wurde in verschiedenen Publikationen über die Gründe des Abbruchs geschrieben. Es werden jedoch abweichende und nicht übereinstimmende Quellen zitiert. Bevor der Autor einen neuen Ansatz verfolgt, stellt er Ihnen die Schifferkirche St. Nikola vor sowie die Zeit, in der diese gebaut wurde.

Laufen und Oberndorf anno 1903: Im Hintergrund die Laufener Stiftskirche, vorn die Oberndorfer St.-Nikola-Kirche – diese Aufnahme dürfte eine der letzten sein, auf der beide Kirchen vor dem Abriss der Nikola-Kirche noch gemeinsam zu sehen sind.

Laufen wird seit dem 7. Jhdt. schon als bedeutender Ort genannt. Auch ein Castellum, also eine burg- oder schlossähnliche Anlage – das heutige Schloss vor dem Stadttor – wurde schon erwähnt. Daher nimmt man an, dass zur Zeit des hl. Rupert (650-718), Schutzpatron des Landes Salzburg, im Schlosshof von Laufen die St. Peterskirche stand. Laufen gehörte bis 1806 zu Salzburg, eine eigene Pfarrei kann nicht nachgewiesen werden. Die entsprechenden Unterlagen und Urkunden wurden während der Kriegswirren vernichtet. Die ersten urkundlichen Nennungen der St.-Nikola-Kirche aus dem 12. Jhdt. finden sich im Stift Michaelbeuern. Beide sind im Traditionscodex enthalten.

Die Kirche St. Nikola (früher auch Pfarrkirche St. Nicola) geht zurück auf einen romanischen Bau aus der Zeit um 1135–1170 und war dem Patron der Schiffer geweiht. Im Zuge des Salzausfuhrvertrages von 1594 und dessen Modifizierung 1611 hatte Kurbayern das Patronat über die Schifferkirche St. Nikola. Bayern übernahm den gesamten Absatz des Halleiner Salzes auf der Salzach-Inn-Handelsroute. Damit gingen an Bayern auch die althergebrachten Verpflichtungen der Fertiger (Salzhändler) über, aus deren Abgaben bisher die Schifferkirche baulich und ausstattungsmäßig unterhalten wurde. Nach der erneuten Schiffordnung von 1616 oblag die Aufsicht und Rechnungsführung nunmehr dem Salzfertiger als bayerischem Beamten in Verbindung mit dem Pfleger, Umgeher und Schiffsschreiber. Anno 1654 berichtete der Salzburger Weihbischof, Johann Paul Ciurletti, dass bereits im Februar erste Bauschäden an der Nikola-Kirche festgestellt wurden. Es handelte sich um die bereits früher notdürftig verschränkten Holzkonstruktionen, die nicht im Stande waren, die Absenkungen und Mauerneigungen zu verhindern. Man befürchtete sogar, dass die Messen wegen Einsturzgefahr nicht mehr abgehalten werden könnten. Erst am 7.3.1661 wurde eine Kommission eingesetzt, die eine gründliche Sanierung forderte. Mehrmalige Drohungen und Drängen Salzburgs an Bayern, sämtliche Kircheneinkünfte an sich zu ziehen, brachte die Nachbarn zum Einlenken und dazu, die Kirche zu sanieren.

Darüber hinaus waren auch diverse Inneneinrichtungen in äußerst schlechtem Zustand. Sie mussten erneuert oder gründlichst restauriert werden. Das Gebälk samt Gewölbe sowie der Hauptaltar und die Seitenaltäre wurden erneuert. Im gleichen Jahr nach der Instandsetzung wurde der Auftrag zur Aufstellung eines neuen, frühbarocken Hochaltars und eines Seitenaltars erteilt. Die Entwürfe für den Hochaltar stammten vom Künstler Wolfgang Pfaffinger, Bürger und Bildhauer in Laufen, der Entwurf für den Seitenaltar wurde von Georg Lang, Schreiner zu Laufen, angefertigt. Der Seitenaltar wurde jedoch nicht sofort genehmigt. Erst am 19.2.1663 kam die Bewilligung von Erzbischof Guidobald von Regensburg, und zwei Jahre später durften die Vorhänge bei den Altären angefertigt werden.

Zerstörung der Kirche durch die Feuersbrunst 1757

Den Hochwasserschäden ging bereits ein Brand voraus, der die ursprünglich romanische Nikola-Kirche vollständig zerstörte: Dem verheerenden Brandunglück in Oberndorf am 1. April 1757 fiel auch die Kirche zum Opfer. Es bedurfte langer Verhandlungen, bis sich die Kurfürstliche Salz-Transaktions-Kommission 1769 zum Wiederaufbau der Kirche entschloss. Die Kosten für den Neubau, den der Trostberger Maurermeister Franz Alois Mayr (1723-1771) zusammen mit dem Laufener Stadtzimmerermeister Strobl erstellte, beliefen sich auf 33.250 Gulden. Nach eingehender Prüfung wurde der Bau genehmigt.

Die Kirche hatte ein 12-jähriges Ruinendasein gefristet, daher musste das Langhaus völlig neu erbaut werden, was eine Überschreitung der Kosten erwarten ließ. Die Grundsteinlegung der neuen Kirche erfolgte am 15. März 1770. Bis dahin wurden bereits 18.065 Gulden gesammelt. Die gesamten Baukosten beliefen sich auf etwa 43.000 Gulden. Es dauerte insgesamt 41 Jahre, bis der Fürstbischof von Chiemsee, Siegmund Christoph Graf Zeil Trauchburg, am 28. Oktober 1798 die Kirche einweihen konnte.

Die letzte Sanierung der Nikola-Kirche 1897

Die nach der Feuersbrunst neu gebaute Nikola-Kirche war noch nicht einmal 100 Jahre alt, als sie renoviert wurde. Es war die letzte Renovierung vor dem Hochwasser 1899 und dem späteren Abriss der Nikola-Kirche. Von einer grundlegenden Restauration ist hierbei aber nicht zu reden, denn es handelte sich im Grunde nur um eine optisches „Aufpeppen“.

Am 16. Mai 1897 um drei Uhr nachmittags fand unter lebhafter Beteiligung der Ortsbewohner von Oberndorf die feierliche Aufsetzung des neu vergoldeten Kreuzes mit versilberter Kuppel auf der Turmspitze der St.-Nikola-Kirche durch Zimmermann Eduard Ritzinger und Spänglermeister Alois Buchner von Oberndorf statt. Dieses Kreuz war 2,40 m hoch und trägt die Jahreszahl 1737. Mit diesem feierlichen Akte und der Eindeckung des Turmes mit Zinkblech war nunmehr die Renovierung der Pfarrkiche als vollendet zu bezeichnen. Der allseits beliebte Pfarrer Raimund Ruetz hatte diese Renovierung in seiner 40-jährigen Amtswaltung in St. Nikola stets im Auge behalten. Dabei hatte der äußere Anblick des Gotteshauses bereits dadurch an Würde und Achtung gewonnen, dass ein knapp neben der Kirche stehender Holzstadel verschwand. So umgab die Kirche nun ein freier Raum. Im Inneren gewann der Bau wesentlich an Raum und Schönheit dadurch, dass Pfarrer Ruetz eine zweite Emporkirche schaffen ließ und darauf die Orgel setzen ließ.

Quelle: Lehrer-Zeller-Privatchronik

Mit der Kreuzaufsteckung am 15. Mai 1897 waren die Sanierungsarbeiten abgeschlossen. Das Kirchenschiff, der Turm und die Fassade bekamen ein neues Aussehen. Das 2,40 m hohe, vergoldete Kreuz mit versilberter Kuppel trug die Jahreszahl 1737.

Warum es zum Abbruch der Nikola-Kirche kam

Bevor wir über die Abbruchsgründe sprechen, sei Ihnen einleitend eine Aussage mitgegeben, die bei der Feier „50 Jahre Stille-Nacht-Gedächtniskapelle Oberndorf 1937-1987“ fiel. Dabei hielt der damalige Bürgermeister Dr. Raimund Traintinger die Festrede und erwähnte den Abbruch der Nikola-Kirche mit folgendem Satz: „Um die Jahrhundertwende 1900 begann die Diskussion, ob die Kirche St. Nikola abgetragen werden sollte. Diese Diskussion führte letztlich aus echten, aber auch vermeintlichen Gründen zum Abbruch der alten Nikola-Kirche, der in den Jahren 1903 bis 1910 durchgeführt wurde.“

Diese Aussage gibt Anlass, diese echten und vermeintlichen Gründe zu hinterfragen und auch einen Blick hinter die Kulissen zu wagen. Allerdings: Nach über 200 Jahren die Wahrheit ans Licht zu bringen, ist ein schwieriges Unterfangen. Hier sieht der Autor vorsichtige Spekulation auf gesicherten Daten mit Kombinationsgabe als angebracht.

Gehen wir systematisch vor: Aus dem Schrifttum ergibt sich als Hauptgrund das „Hochwasser“. Wiederholt hatten Hochwässer die Nikola-Kirche bedroht. Dies war insbesondere eine Folge der 1851-1873 vollzogenen Flussregulierung. Die häufigen Hochwässer setzten der Standfestigkeit der Kirche mächtig zu. Bereits 1852 drohte deren Einsturz, und die Nikola-Kirche musste gesperrt werden. Es wurden damals schon Überlegungen angestellt, die einen Abbruch vorsahen.

Für eine Betonfundamentierung, so hieß es, reichte das Geld nicht, und einen Kirchenneubau lehnten die Oberndorfer kategorisch ab. So entschloss man sich, neue Holzpiloten einzubauen und die sich trennenden Bauelemente mit Eisenklammern zusammenzuhalten. Die notwendige Betonfundamentierung erfolgte aus Kostengründen nicht. Dem Hammerwerksbesitzer von Sinnhub, Mittelbacher, gelang schließlich die statische Sicherung des Baus. Durch Anbringung von drei dicken eisernen Schließen (Schlaudern) wurden die Mauern des Kirchenschiffs fest mit dem Turm verbunden.

Nikola-Kirche 1890

Eine wichtige Figur: Pfarrer Max Fellacher

Das Tagesgespräch in Oberndorf bestand im Jahre 1902 allüberall aus Marktverlegung und Brückenbau. Die Kanalisierung Neu-Oberndorfs erzeugte eine große Erbitterung, weil der gelegte Kanal als durchaus unpraktisch angesehen wurde. Außerdem war die Bevölkerung über die „Sonntagsschändung“ beim Brücken-Neubau erbost. Jedoch blieb den Arbeitern keine Wahl: Die Luftdruckfundamentierung der beiden Widerlager musste aus bautechnischen Gründen unterbrechungsfrei geschehen. Dabei kam das Caisson´sche Verfahren zum Einsatz, bei dem die Bauarbeiter mit einem Senkkasten unter Wasser arbeiten mussten. Besonders auf österreichischer Seite waren die Arbeiten langwierig, da der Senkkasten mit Handwerkszeug so lange zu unterminieren war, bis der Kasten durch Nachrutschen die nötige Tiefe erreicht hatte und durch mehrere Schichten Sand, Schotter und Lehm auf einen Konglomeratfelsen gestoßen war.

Ebenfalls im Jahre 1902 erlebte Lehrer Heinrich Zeller in Oberndorf bereits die dritte Installation eines Pfarrers, welche dort jedesmal großartig verlief. Diesmal empfing er mit seiner Schuljugend den neuen Pfarrer Max Fellacher am 18. Jänner vor der Kirche. Der um den Prunk des Gotteshauses eifrigst bemühte Mesner Josef Menk hatte alles aufgeboten, die Pfarrkirche für die Ankunft des neuen Pfarrers recht schön zu schmücken. Beim Bauernbräu wurde anschließend das Mahl eingenommen.

Im Februar begannen auf beiden Seiten der gefahrdrohenden Salzach umfassende Arbeiten, die aufgehäuften Sandmassen aus dem Salzachbette zu entfernen. Mit dankbar freudigen Blicken beobachteten die Bewohner von Laufen, aber noch mehr die von Oberndorf dieses emsige Arbeiten. Die Verlegung Oberndorfs ist nicht mehr zu verhindern, schon wegen des baufälligen Zustandes vieler Häuser in Altoberndorf. So greift doch mit dem Fortschreiten dieser Arbeiten immer mehr Ruhe in den geängstigten Gemütern Platz.

(Auszug aus der Zeller-Chronik)

Zur Kirchensanierung fehlte das Geld oder wurde bewusst nicht eingesetzt. Es ist jedoch auch nachzulesen, dass die Landesregierung bei der Ortsverlegung mitteilte: „Geld spielt keine Rolle“. Hier kommt schon der Verdacht auf, ob man nicht gezielt eine mögliche Sanierung verhindern wollte. Zudem gab es persönliche und kirchliche Schwierigkeiten mit dem neuen Pfarrer Max Fellacher. Dieser wollte unbedingt verhindern, dass die alte Nikola-Kirche bestehen bleibt. Dass im „Neuen Oberndorf“ eine Kirche stehen sollte, war wohl vielen klar. Pfarrer Fellacher wollte nach „Maria Bühel“ und der noch zu bauenden Kirche in Neu-Oberdorf mit der neuen Eisenbrücke nach Laufen keine weitere Kirche.

Die Verfeindungen gipfelten gegenüber Pfarrer Fellacher sogar in persönlichen Drohungen. Der Pfarrer wollte schon das Handtuch werfen, seine Obrigkeit befahl ihm aber, das begonnene Werk, nämlich den Kirchenbau in Neu-Oberndorf, zu vollenden.

Zwei „Lager“ bilden sich in Oberndorf: Eines für den Erhalt von St. Nikola, eines dagegen

Für den Ortspfarrer Max Fellacher kamen jetzt schwerste Tage. Anonyme Schreiben drohten ihm alles mögliche an: Augen ausstechen, Hände und Füße abschlagen und in die Salzach werfen, den Pfarrer solle der Teufel holen, die neue Kirche solle zur Hälfte erbaut werden und dann einstürzen und dergleichen mehr. Diese Drohungen sprach die Bevölkerung aufgrund der Verlegung ihrer Pfarrkirche aus – die Einheimischen hingen an ihrer angestammten Kirche. Ein derart feindliches Klima herrschte in Alt-Oberndorf, dass der Aufenthalt für Pfarrer Fellacher eine Pein gewesen sein muss.

Es gab nämlich eine Gruppe Menschen in Alt-Oberndorf, die sich vehement für den Erhalt der Nikola-Kirche einsetzte. Es war angedacht, dass wenigstens der Kirchenturm stehen bleiben solle und hier eine Gedächtnisstätte für „Stille Nacht“ errichtet würde. Denn dabei dachte man natürlich auch über den Verlust jener historischen Stätte nach, in der „Stillle Nacht, heilige Nacht“ zum ersten Mal erklungen war. Nachweisbar gab es zwei Gruppen: Eine war für den Abbruch der Nikolakirche: die Pfarrei Neu-Oberndorf mit Pfarrer Fellacher und die Gemeinde Oberndorf. Die andere Gruppe um Oberlehrer Hermann und den Konservator Architekt Paul Geppert setzte sich für den Erhalt der Kirche ein.

Nun hatte allerdings Pfarrer Fellacher von seiner Obrigkeit den Auftrag, den Bau der Kirche in Neu-Oberndorf voranzutreiben und selbst das Interesse, dass die alte St.-Nikola-Kirche als Konkurrenz „verschwinden“ sollte. Wurden womöglich unsaubere Mittel eingesetzt – und wenn ja, von wem?

Der Autor wollte zudem wissen, welche Rolle die Gemeinde Oberndorf spielte. Vor Jahren hatte er den Industrieroman „Die Glasbläser von Bürmoos“ von Georg Rendl (Dichter und Maler, 1903-1972) gelesen. An dieses Buch erinnerte sich der Autor wieder; darin wurde auch das Hochwasser von 1899 beschrieben. Im Bücherregal fand er schließlich dieses „besondere Buch“, nämlich das persönliche Buch von Georg Rendl, mit Bleistiftvermerken. Rasch blätterte der Autor darin, um die entsprechenden Stellen zu finden. Im Kapitel 11 wurde Hieble fündig: Rendl beschrieb das Hochwasser auf spannende Weise und kam auch auf die Nikola-Kirche zu sprechen.

Lesen Sie selbst im persönlichen Buch von Georg Rendl das entsprechende Kapitel:

KAPITEL **11** *VERLÖBNIS*

Erst als das Wasser gesunken war, zeigte sich die Verwüstung in ihrem ganzen Ausmaße; eingestürzte Häuser, Schutthaufen, aufragende Mauern, Ruinen.

Unversehrt war eigentlich nur die Kirche aus der ganzen Katastrophe hervorgegangen. Die Mauern waren bis über die Fenster hinauf naß, die Kirchenbänke lagen chaotisch durcheinander, den Marmorboden bedeckte fußtief der Schwemmsand, die Altäre waren verschmutzt, aber das waren nur Kleinigkeiten, die leicht zu beheben gewesen wären. Doch da war ein Baumeister, der am Bau einer neuen Kirche verdienen wollte, und der sagte als Fachmann, da sei nichts mehr zu retten. Und damit nichts mehr zu retten sei, ließ man das altehrwürdige Gotteshaus, in dem vor vielen Jahren das ehrwürdige „Stille Nacht" zum ersten Male gesungen worden war, abreißen. Da aber die Mauern sich gegen den Frevel wehrten, rückte man ihnen mit Dynamit zu Leibe. Es standen aber viele Menschen da, die darüber weinten, jedoch ihre Tränen

Der hier erwähnte Baumeister war zwar zu dieser Zeit nicht Bürgermeister von Oberndorf, er wurde jedoch vor der Schließung der Kirche von Gemeinde bzw. Landesregierung zur nochmaligen Begutachtung des Bauzustandes beauftragt, insbesondere bezüglich der Tatsache, dass sich Turm und Schiff voneinander trennten. Er ließ die entstandenen Risse mit Papierstreifen verkleben. Dann wurden die Glocken geläutet – danach waren die Papierstreifen gerissen. Jedoch kamen dabei unsaubere Mittel zum Einsatz, wie Sie noch lesen werden. So wurde die Kirche für baufällig erklärt, geschlossen und zum Abbruch freigegeben.

Der Abbruch der Nikola-Kirche ist beschlossene Sache

Und welche Rolle spielte die Gemeinde? Sie ersuchte zunächst die Landesregierung, die Kirchenerhaltung einem eigenen Komitee zu überlassen, um den Alt-Oberndorfer Kaufleuten ihren Mittelpunkt zu sichern. Das daraufhin gegründete Komitee unter Josef Scherfler wurde vom Pfarramt und der Gemeinde beauftragt, die alte Kirche von einem Architekten begutachten zu lassen, jedoch mit der Auflage, von höheren Stellen auch noch die Zustimmung einzuholen. Scherfler konnte mitteilen, dass derartige Anfragen bereits gestellt wurden und sowohl das Konsistorium als auch Landesstellen als Zuständigkeit auf die Gemeinde verwiesen.

Nachdem von der kirchlichen Seite, namentlich Pfarrer Fellacher, her der Abriss gewollt war und die Gemeinde Oberndorf mit Bürgermeister Franz Xaver Grimm durch die Ortsverlegung auf den Standort bei der neuen Salzachbrücke aus Stein und Eisen alles ausrichtete, musste das Gutachten entscheiden. Für die Gemeinde war dies die Voraussetzung für die Existenz von Neu-Oberndorf.

So beauftragte man einen Baumeister damit, die Nikola-Kirche auf ihre Standfestigkeit zu prüfen und darüber einen Bericht an die Landesregierung zu schreiben.
Hier kommen nun die bereits erwähnten unsauberen Mittel ins Spiel: Um der glaubwürdigen Baufälligkeit etwas nachzuhelfen, bekam Franz Purner (1866-1914) vorher den Auftrag, die Risse im Mauerwerk zur Kontrolle mit Papierstreifen zu verkleben und diese Papierstreifen dann während des Glockenläutens mit einem Bleistift zu durchtrennen. Ob das Glockengeläut selbst die Streifen zum Reißen gebracht hätte, wird wohl auf ewig Geheimnis der Nikola-Kirche bleiben.

Die Quellen obiger Informationen, die der Autor als authentisch ansieht, sind die Aufzeichnungen des Herbert Lämmermayer. Anmerkung von Johann Lämmermayer sen. zu diesen Überlieferungen: „Nach mündlicher Mitteilung von Herrn Purner, Büroangestellter bei der Firma Mittermayr, an Herrn Karl Schmiederer, Konditor und Lebzelter."

Die Schließung der Nikola-Kirche

Unmittelbarer Anlass zur Schließung war 1903 der Deckeneinsturz in der Sakristei und die daraus resultierende kommissionelle Empfehlung. Nun folgte die Suche nach Ersatzlokalitäten für die kirchlichen Veranstaltungen. Gegen die Sperre von St. Nikola protestierten nicht nur Oberndorfer, sondern auch Göminger und Lamprechtshausener Bürger. Am vehementesten setzten sich für den Erhalt der Kirche der Bauernbräuer Josef Scherfler, Andreas Mairoll aus Oberndorf, Martin Kellerer, Landwirt in Göming und Georg Bart, Landwirt in Arnsdorf, ein. Oberndorf leitete die schriftlichen Beschwerden im November 1903 an den Landesausschuss weiter. Nachdem aber die Schließung vom Konsistorium verfügt wurde, erklärte sich die Landesregierung als unzuständig und verwies auf das Kultusministerium in Wien. Im Februar 1904 drängte der Landesausschuss wiederholt auf die Vorlage des Sicherheitsberichtes innerhalb Stunden bzw. darauf, die in den nächsten fünf Tagen verfügten Sicherheitsmaßnahmen bekanntzugeben. Postwendend berichtete die Gemeinde der Bezirkshauptmannschaft mit Note vom 09.05.1904, dass die entsprechenden Verständigungen den Herren Scherfler, Mairoll und Barth übermittelt wurden, bezüglich weiterer Sicherheitsvorkehrungen aber keinerlei Notwendigkeiten bestünden, da sich die Situation in der Kirche absolut nicht verschlechtere.

Für die Abhaltung der Stundengebete hatte der Laufener Stiftsdekan Simon Spannbrucker den Oberndorfern ab Februar 1904 eigene Plätze in der Stiftskirche in Laufen zugewiesen.

Mit 12.02.1904 bestätigte die Landesregierung den Erhalt des oben genannten Berichtes und erteilte gleichzeitig den Auftrag, dass ab sofort alle acht Tage ein Überprüfungsbericht vorzulegen sei, ob die Mauerrisse gleich blieben oder größer würden. Hierfür wurden Maurermeister Mathias Mittermayr und Gemeinderat Josef Kainzbauer bestimmt. Um etwaige Mauerbewegungen deutlich erkennen zu können, empfahl das Land, die Mauerrisse regengeschützt mit Papierstreifen zu verkleben.

Abschied von der Nikola-Kirche

Noch immer war man in Oberndorf und im Umkreis uneins über die Baufälligkeit und den bevorstehenden Abbruch der Nikola-Kirche. So stimmte Lehrer Heinrich Zeller zwar der Baufälligkeit im religiösen Gehorsam zu, bestätigt aber auch gleichzeitig die „Sprengung" der Kirchenmauern. Auf die Schließung der Nikola-Kirche folgte eine historisch überlieferte, ergreifende Reaktion des alten Schiffervolkes, deren Ahnen im Jahre 1818 in dieser Kirche zum ersten Mal dem Lied „Stille Nacht, heilige Nacht" gelauscht hatten: Die Frauen und Männer von Oberndorf brachen in ein herzzerreißendes Weinen und lautes Schluchzen aus. Sie verweilten nach Ende des allerletzten Gottesdienstes mit ihrem tiefen Schmerz noch sehr, sehr lange in der alten Kirche, bis sie gehen mussten. Nun folgten für die Bevölkerung wohl unerträgliche Tage, Wochen und Monate in Oberndorf: Die Kirche war zwar gesperrt, aber ihre Glocken läuteten wie früher. Die Kinder sangen auf der Straße:

Herr Nikolaus! Herr Nikolaus!
Was soll denn das bedeuten?
Wenn die Kirche schon zum Einfallen ist,
dann soll man auch nicht mehr läuten!"

(Auszug aus der Zeller-Chronik)

Selbst nach der Schließung wurden noch Taufen und Hochzeiten in der Nikola-Kirche durchgeführt. Die Sonn- und Feiertagsmessen verlegte man aber teils nach Maria Bühel und in die Stiftskirche nach Laufen. Für die täglichen Früh- oder Abendmessen errichtete man im ehemaligen Schifferspital eine Vorhalle zur bestehenden Hauskapelle.

Foto-Chronologie der Nikola-Kirche

1895 war ein überaus strenger Winter mit riesigen Schneemassen, verbunden mit einer außergewöhnlichen Kälte, welche an manchen Tagen mit Temperaturen von 28 bis 30 Grad unter Null ihren Tiefpunkt erreichten.

Piratenschlacht 1897

1898

Postkarte aus Oberndorf vom 29. August 1898.
Die Aufnahme entstand also ein Jahr vor dem verheerendem Hochwasser.

Fotoreihe: Die Nikola-Kirche während des Hochwassers 1899

Reste der Holzbrücke

Nikola-Kirche
Altach
Laufen

10. Kapitel: Fotoreihe - Hochwasserschäden in Alt-Oberndorf 1899

Auflage der
weggerissenen Holzbrücke

Resre der Holzbrücke

Der Kirchplatz mit dem vom Hochwasser beschädigten Häusern

Sicherungsarbeiten an den beschädigten Häusern

11. Kapitel: Fotochronologie
Der Abbruch der Nikola-Kirche

Die Abbrucharbeiten der Kirche
beginnen mit dem Dach

Hoher Göhl. 2518 m.
Tännengebirge. 2429 m.
Watzmann. 2739 m.
Hohenstauffen. 1813
Untersberg 1970.
Gruss aus Laufen-Oberndorf a. d. Salzach.
Verlag: Fritz Keerl, Laufen. 4538

Gruss aus Oberndorf
a. d. Salzach.
Franz Schemm, Nürnberg.
Laufen a. S.

1907 stand fast noch die gesamte Nikola-Kirche

Laufen-Oberndorf.
1908
1908

Neu-Oberndorf (Österreich)
Laufen a. d. Salzach (Bayern)
1909

Neu - Oberndorf.

1909

Der Abbruch der Nikola-Kirche dauerte von 1905 bis 1911 – im Bild von 1911 sind noch Mauerreste (rote Pfeile) zu sehen. Die Kirche war so „baufällig“, dass der Rest gesprengt werden musste!

12. Kapitel: Abbruch der Nikola-Kirche – eine Chronologie, verknüpft mit der neuen Nikolauskirche

23.11.1903	Schließung der alten Kirche
1904	Baubeginn mit Vorarbeiten zur neuen Kirche
28.10.1905 -1910	Abbruch der alten Kirche, zuerst das Dach mit dem Kirchenschiff.
30.10.1905	Spatenstichfeier mit Predigt von Pfarrer Fellacher
19.03.1906	Offizielle Grundsteinlegung für die neue Kirche durch Erzbischof Johannes Kardinal Katschthaler, nach Plänen von Dombaumeister Architekt Matthäus Schlager aus Linz.
29.07.1906	Kreuzaufsteckung St. Nikolaus
18.08.1906	Beginn Abnahme der Glocken von
30.10.1906	St. Nikola, Demontage der Turmuhr
18.11.1906	Allerletztes Leuten vom Turm der alten Nikola-Kirche
25.11.1906	Einweihung der neuen Kirche durch Weihbischof B. Kaltner.
04.11.1909	Übersiedlung in den neuen Pfarrhof
08.01.1910	Beginn Abtragung des alten Turmes
1912-1913	Sprengung des Turmstumpfes der alten Kirche

Zustand der Schifferkirche um 1880, nach einer Zeichnung von J. Dietzinger, Oberndorf 1936.

13. Kapitel: Ab 1904
Neubau der Pfarrkirche St. Nikolaus

Die Bauverhandlung für die neu zu erbauende Nikolaus-Kirche in Neu-Oberndorf fand am 20.02.1904 statt, die Bewilligung des Landes ist mit 24.02.1904 datiert. Nachdem die Entscheidung gefallen war den Ort zu verlegen, war es für die Kirchenobrigkeit auch klar, dass im neuen Ort eine Kirche stehen musste. Sanierungsarbeiten der alten Kirche, etwa die Unterfangung der Grundmauern, hätte rund 40.000 Kronen gekostet und drei Kirchen (Maria Bühel, die alte Nikola-Kirche und die neue Nikolaus-Kirche) zu erhalten kam auch nicht in Frage.

Oberndorf brachte dann beim Land die Petition betreffend einer Subvention zum Kirchenneubau ein. Der Finanzausschuss des Landes befasste sich am 24. Oktober 1904 mit der Finanzierung eines Kirchenneubaues. Der Ausschuss empfahl dem Landtag, trotz allerschwierigster Finanzsituation des Landes, Bundes, der Gemeinde und auch potenziellen Gönnern, von ursprünglich veranschlagten rund 320.000 Kronen wenigstens 120.000 Kronen zuzuschießen. Gleichzeitig forderte man die Staatsverwaltung auf, einen entsprechenden Beitrag zur Verfügung zu stellen. Unter Einbeziehung einiger Geld- und Materialspenden sollte der Baubeginn ermöglicht werden. Gesichert waren vorerst nur rund 97.000 Kronen, über den Fehlbetrag von etwa 30.000 Kronen gab es noch keinen Überblick.

Kaiser Franz Josef soll 10.000 Kronen gespendet haben.

Am 8. September 1904 wurde zugunsten des Kirchenbaues ein Volksfest und vom 13. bis 15. August 1905 beim Bauernbräu ein Gartenfest abgehalten. Die Not der damaligen Zeit kommt auch dadurch zum Ausdruck, dass man über dem Hauptportal von St. Nikolaus nicht eine Nikolaus-, sondern eine Rupertus-Statue aufzog, die von einem Salzburger Stadttor übrig war. Diesen hl. Rupertus können Sie bis heute an St. Nikolaus stehen sehen.

Der Linzer Dombaumeister
Matthäus Schlager

Der Linzer Dombaumeister Matthäus Schlager war u.a. Erbauer der Pfarrkirche Schwanenstadt, der Herz-Jesu-Kirche Wels, des Justizgebäudes Salzburg, vom Borromäum Salzburg und der Dachsteinkapelle und zeichnete auch für den Wiederaufbau der Pfarrkirche St. Georg in Nußdorf am Haunsberg verantwortlich. Schlager hatte nun auch die Kirchenplanung für St. Nikolaus fertiggestellt.

Von Seiten des Landes hatte es eine technische Begutachtung von St. Nikola gegeben, worauf auch einer provisorischen Weitererhaltung der Kirche nicht mehr zugestimmt werden konnte. Zwar erteilte das Kultusministerium die Abbruchgenehmigung, allerdings nur unter der Bedingung, dass der gesamte Turm erhalten werden müsse (Erlass vom 20.01.1906).

Aufgrund der Bauverhandlung vom 21. Oktober 1905 erteilte die Landesregierung am 12. Dezember die Baubewilligung. Die Kollaudierung erfolgte am 22. November 1906. Für den Erhalt des Nikola-Kirchturms setzte sich Konservator und Architekt Paul Geppert besonders ein. Im Zuge der Abbrucharbeiten sollen dann größere Schäden an Mauern und Gebälk und große Löcher unter dem Boden entdeckt worden sein. Ob dies der Wahrheit entspricht, wird wohl nicht mehr mit letzterer Sicherheit eruiert werden können. Allein schon aus der zeitlichen Reihenfolge der Abbrucharbeiten ist der Wahrheitsgehalt dieses Berichtes aber stark anzuzweifeln. Nachdem die Erhaltung des ganzen Turmes aber 2000 Kronen gekostet hätte und der Betrag nicht aufzutreiben war, teilte das Ministerium mit, dass wenigstens noch der untere romanische Teil erhalten werden sollte. Ganz besonders Pfarrer Fellacher setzte sich, wie wir bereits wissen, für die Vernichtung des Kulturgutes „Nikola-Kirche“ ein – und so geschah es auch.

Überraschender Münzenfund

Etwas Besonderes trat bei den Abbrucharbeiten von St. Nikola zutage: Man entdeckte im Grundstein ein kleines Holzkästchen mit je zwei Silber- und Goldmünzen, darüber ein Steintäfelchen, auf dem in lateinischer Schrift stand: „Von Max Joseph, Kurfürst von Bayern errichtet und dieses Dokument für die Nachkommenschaft deponiert durch die salinische Kommission“. Die Münzen stammen aus den Jahren 1760 und 1773 und sind sehr gut erhalten – ihr derzeitiger Aufbewahrungsort ist unbekannt.

Beispielhaft eine Silbermünze
aus dem Jahre 1760

Eine Goldmünze aus dem
Jahre 1773

Eine der Münzen aus dem Jahre 1773 ist auffallend groß und trägt das Bildnis des Fürsterzbischofs von Salzburg, Hieronymus Franz de Paula Josef Graf Colloredo. Er war der letzte regierende Fürsterzbischof des Fürsterzbistums Salzburg von 1772-1803. Auf der Rückseite einer Münze findet sich die personifizierte Gerechtigkeit. Eine der Silbermünzen zeigt auf einer Seite das Bildnis des bayerischen Kurfürsten Max III. Josephs des Guten und rückseitig die hl. Maria als Patronin von Bayern mit der Jahreszahl 1768. Die andere Silbermünze trägt das Bildnis des Salzburger Fürsterzbischofs Sigismund und auf der Rückseite den hl. Rupert mit den Jahreszahlen 1764 bzw. 1760.

Anno 1910 erwarb der Schiffer und Steinführer (Transporteur) Alois Frumm von der Baufirma Jakob Mittermayr die nicht aufgeschlichteten, übriggebliebenen Baumaterialien von St. Nikola zur weiteren Verwendung und begann noch im Mai mit dem Abtransport. Von Seiten der Gemeinde wurden nicht nur tagsüber, sondern auch nachts Sicherheitsvorkehrungen verlangt. Eine Beleuchtung und Bewachung war auch deshalb notwendig, weil es mehrere heimliche Interessenten gab.

19.03.1906: Offizielle Grundsteinlegung für die neue Kirche durchErzbischof Johannes Kardinal Katschthaler, erbaut nach Plänen von Dombaumeister und Architekt Matthäus Schlager aus Linz.

Feierliche Einweihung der Nikolaus-Kirche am 25.11.1906 durch Weihbischof Balthasar Kaltner

Ein zweites Leben für die Seitenaltäre von St. Nikola

Der linke und rechte Seitenaltar – auf den Bildern noch im Inneren der Kirche St. Nikola um 1890

Diese beiden Seitenaltäre erhielten ein „zweites Leben“ und wurden in der neuen Nikolauskirche 1906 wieder verwendet.

Chronologie: Die Pfarrkirche St. Nikolaus bis heute

Chronologie

Kirchenpatron: Heiliger Nikolaus
Patrozinium: 6. Dezember
23.11.1903: Schließung der alten St.-Nikola-Kirche wegen Baufälligkeit
Erbaut ab 1906 unter Pfarrer Max Fellacher durch Weihbischof Balthasar Kaltner
19.3.1906: offizielle Grundsteinlegung durch Fürsterzbischof Johannes Kardinal Katschthaler
29.7.1906: feierliche Turmkreuzsteckung
25.11.1906: Weihe der Kirche durch Weihbischof Balthasar Kaltner
1910: Fertigstellung der Kirche
1913: Orgel von Albert Mauracher
1982: Orgelneubau von Fa. Rieger

14. Kapitel: Ein Bronzerelief entsteht – das Werk beginnt mit einer Exhumierung

Verlegen wir den Schauplatz der Ereignisse nun von Oberndorf nach Wagrain. Hier bildete sich um 1911 ein Komitee, bestehend aus dem damaligen Bürgermeister, dem Vorsitzenden Pfarrer Dr. August Reiter und anderen Personen: Man wollte gemeinsam für den im Ort begrabenen Vikar und Textdichter Joseph Mohr ein würdiges Grabdenkmal erschaffen. Dafür war freilich ein authentisches Abbild Mohrs nötig, denn die Beteiligten wollten ihn in einer Bronzebüste verewigen. Was damals noch nicht bekannt war: Eigentlich war bereits ein Bildnis vorhanden, das Mohr im Sterbebett zeigt.

Um nun das Aussehen Mohrs nachbilden zu können, entschied man sich, nach dem Grab von Joseph Mohr zu suchen. Entgegen üblicher Begräbnisplätze für Geistliche gaben ältere Leute Auskunft darüber, dass Mohr neben dem Sakristei- oder Kircheneingang bestattet liege.

Pfarrer Reiter von Wagrain ließ daraufhin das Grab des Vikars Joseph Mohr öffnen und dessen Schädel exhumieren. Dass es wirklich sein Schädel war, ist belegt: Der Nachfolger Mohrs hatte eine kluge Anordnung getroffen, dass in dem Grab des Mohr niemand weiteres mehr begraben werden dürfe. Im Spätsommer des Jahres 1912 begann der Totengräber also mit seiner Arbeit und wurde fündig: Der ausgegrabene Schädel war kein anderer als Mohrs. Man fand daran auch noch Reste des schlichten rotbraunen Haares und am Hinterhaupte Grünspan, als Spur der Kollar-Schnalle vom steifen Kragen des Geistlichen. Es bestand also kein Zweifel an der Echtheit des Schädels.
Freilich mag man sich fragen: War diese Störung der Totenruhe wirklich notwendig oder gar unnötig? In jedem Fall hat der Pfarrer und Bildhauer Josef Mühlbacher nach diesem Totenkopf aufgrund der dadurch erworbenen Kenntnisse der Anatomie des Vikars das Portrait von Joseph Mohr rekonstruiert. Tatsache ist, dass auch dieses Abbild von Joseph Mohr wohl wenig mit der Realität zu tun hat. 1912 waren die Techniken keineswegs so ausgereift, dass eine realistische Rekonstruktion des Schädels möglich gewesen wäre.

In jener Zeit wurde der Pfarrer Reiter von Wagrain als Dechant nach St. Johann in Tirol versetzt und der Bildhauer und Pfarrer Josef Mühlbacher nach Kufstein-Zett, wo der bayerische Bildungsbeamtenverein sich ein Erholungsheim errichtete. Mit Folgen: Niemand kümmerte sich mehr um die Finanzierung der Bronzebüste, das fast vollendete Werk. Im Jahr 1916 bewarb sich Pfarrer Fellacher aus Oberndorf um die Büste Mohrs. Verschiedene Versuche der Finanzierung scheiterten jedoch zunächst infolge des 1. Weltkrieges und seiner Auswirkungen.

Joseph Mohr im Paradebett

Das in Privatbesitz befindliche Bild mit Joseph Mohr am Sterbebett wird in Wagrain als authentisch angesehen. Der akad. Bildhauer, Pfarrer Josef Mühlbacher, fand aber diese Darstellung nicht geeignet als Grundlage für seine bildhauerische Arbeit, um eine Bronzebüste von Mohr anzufertigen.

Foto Archiv Lämmermeyer

Wirrnisse um die Bronzebüste

Die Idee von der Bronzebüste hatte sich unterdessen zu einem Denkmal für das Lied „Stille Nacht“ weiterentwickelt und so auch für beide Liedschöpfer, Mohr und Gruber. Nun erst fand sich ein „Retter“ für das Denkmal im Landesverband der Bildungsbeamten Bayerns und dessen Obmann, dem Hauptlehrer Anton Scherbauer, der die ganze Finanzierung zustande brachte. Unterdessen hatte den Pfarrer und Bildhauer Josef Mühlbacher der Schlag getroffen, mit vollständiger Lähmung der rechten Körperhälfte. Dennoch gelang es ihm, das ganze Werk in gegenwärtiger Gestalt zu vollenden, nur mit der linken Hand allein. 1912 nahm Mühlbacher den Schädel Mohrs mit nach Wien – eine eher unübliche Vorgehensweise für einen Geistlichen. Ein Kuriosum war zudem, dass sich der Wagrainer Postbeamte geweigert hatte, den Schädel per Post nach Wien zu senden. Der Abgang von Dr. Reiter, die Versetzung Rosenstatters sowie die Kriegsereignisse ließen das Interesse am Relief verschwinden. Gleichzeitig fiel eine vom Lehrer Josef Gottlieb aus Frankfurt am Main gesammelte Summe der Inflation zum Opfer und man stand wieder am Nullpunkt.

Jedoch gab es auch glückliche Umstände: Die bayerische Lehrervereinigung und Mühlbacher hatten einander in Kufstein näher kennengelernt und darüber hinaus ein enormes Interesse auch Oberndorf gegenüber entwickelt. Dies darf durchaus mit der wohl einmaligen Entstehungsgeschichte von Stille Nacht selbst verglichen werden. Wieder einmal kamen Lehrer und Priester zur Gemeinsamkeit. Hauptlehrer Scherbauer kaufte die Büste 1926 um 2.000 Mark und beauftrage Mühlbacher, diese zum Mohr-Gruber-Denkmal auszugestalten. Ausführende Firmen waren dabei: Erzgießerei in Wien VIII, Marmorindustrie Kiefer in Oberalm und Firma Keim, München, für die Inschrift aus Bronze. Die Kosten einschließlich des Honorars Mühlbachers beliefen sich auf 600 Mark.

Lehrer Müller und Pfarrer Fellacher verfolgten getrennte Ziele zur Schaffung des Denkmals für Gruber und Mohr und standen so auf Konfrontationskurs. Kurz vor der Enthüllung der Bronzeplastik kam noch ein Streit mit der Gemeinde hinzu. Es war nicht zum ersten Mal Pfarrer Fellacher, der hier etwas verhindern wollte.

Woher, wusste man zuerst nicht – aber plötzlich konnte Fellacher eine Geldsumme bereitstellen, um sein Vorhaben zu vollenden. Die Gemeinde warf ihm vor, dass diese Geldsumme Spendengelder gewesen seien und dem Denkmalkomitee zum Bau der Gedächtnis-Kapelle gehört hätten, die an Stelle der abgebrochenen Nikola-Kirche geplant war. Fellacher drohte nun seinerseits, sollte diese Kapelle so groß werden, dass gottesdienstliche Handlungen stattfinden könnten, so verweigere er die Zustimmung zum Bau. Unterstützung erhielt die Gemeinde von den bayerischen Lehrern, die bei der Übergangsurkunde vom 26.12.1928 bestimmten, dass das Erträgnis eines beim Denkmal aufzustellenden Opferstockes zur Finanzierung des Kapellenbaus zu verwenden sei. Unterzeichnet war der Vertrag von Bürgermeister Pföss, Pfarrer Fellacher und Anton Scherbauer, dem Vorsitzenden des Landesverbandes.

Die Bronzeplastik wurde im rechten Vorraum der Nikolaus-Kirche in Oberndorf aufgestellt und am 16. Dezember 1928 feierlich enthüllt.

2006 fand das Relief anlässlich „100 Jahre Pfarrkirche“ am neu gestalteten Kirchenvorplatz links des Hauptportals eine neue Bleibe.

Feierliche Einweihung der Bronzeplastik

Prof. Felix Gruber
der Enkel des Komponisten,
sang bei der feierlichen Enthüllung
der Bronzeplastik

Als am 16. Dezember 1928 die Bronzeplastik von Gruber und Mohr im rechten Vorraum der Nikolaus-Kirche feierlich enthüllt wurde, schwieg die Orgel wie 110 Jahre zuvor. Die Messe untermalten die Konzertsänger Besemfelder und Helga Thorn aus München mit deutschen Weihnachtsliedern. Konzertmeister Prof. Felix Gruber, ein Enkel des Komponisten, sang das Lied „Stille Nacht" mit jener Gitarre, die auch schon die Uraufführung des Liedes begleitet hatte.
Nach Übergabe des Denkmales blieb es vorerst noch im Eigentum des Landesverbandes der Bildungsbeamten Bayerns e. V. als dessen Träger und Veranlasser der Spendensammlungen. Nach der Feier wanderten die Gäste nach Alt-Oberndorf, wo bereits der Kapellenbau Fortschritte zeigte. Bürgermeister Pföß und Heimatdichter Michael Gundringer hielten Reden. Und gleichzeitig war festzustellen, dass die Oberndorfer Bevölkerung mit ihrer Teilnahme sehr zurückhaltend war.

Eine andere Gemeinde meldete nun noch alte Ansprüche an: Nach der Enthüllung des Gruber-Mohr-Denkmals erwartete Wagrain natürlich, dass der Totenschädel Mohrs wieder zu den 1912 freigelegten Gebeinen gelegt werde. Es kam jedoch ganz anders. Nach Aufzeichnungen von Herbert Lämmermayer wurde die Exhumierung des Schädels am 10. September 1912 von den Mitarbeitern des Wagrainer Vikars unter Leitung von Pfarrer Rosenstatter durchgeführt. Wie wir bereits wissen, hat der Bildhauer und Pfarrer Josef Mühlbacher anhand des Schädels den Kopf Mohrs für ein Relief in Wagrain verwendet. Später entstand jedoch eine Figurengruppe Mohr/Gruber für die Pfarrkirche Oberndorf. Mühlbacher nahm den Schädel nach Kufstein, seiner neuen Wirkungsstätte, mit. Von dort dürfte der Schädel nach Oberndorf gekommen sein. Der Schädel kam definitiv nicht nach Wagrain zurück. Der Obmann des Heimatvereins Kufstein, Gerhard Lehmann, machte zum Totenschädel Mohrs folgende Aussage: „Laut einer Notiz von Pfarrer Mühlbacher hat dieser den Schädel zusammen mit einer Urkunde in einem Metallbehälter der Gemeinde Oberndorf übergeben." Und was geschah weiter?

Ruht Mohrs Schädel in Oberndorf?

Recherchen zufolge soll Mohrs Schädel in der 1937 geweihten Stille-Nacht-Kapelle am 15.8. des selben Jahres quasi als Reliquie eingemauert worden sein. Die Erlaubnis hierzu erteilte das Ordinariat. Endgültige Gewissheit über den Verbleib des Totenschädels ließe sich nur nach einer röntgenologischen Untersuchung vor Ort erlangen – jedoch hat man bis heute, trotz Intervention, nichts dergleichen unternommen. Der Präsident der Stille-Nacht-Gesellschaft, Michael Neureiter, verweist hierbei auf einen Zeitungsbericht vom 1. September 1937: Darin berichtet Josef Rosenstatter, dass nach der Weihe der Stille-Nacht-Kapelle hinter der Reliefgruppe oberhalb der Mensa „...der kostbarste Schatz, der vom Schreiber dieser Zeilen im Sommer 1912 ausgegrabene Schädel, des im Jahre 1848 in Wagrain verstorbenen Dichters Josef Mohr, ruht."

Hier soll Mohrs Schädel eingemauert sein

Wagrain wurde von der Entscheidung des Ordinariates unter gleichem Datum unterrichtet und angewiesen, diesen Umstand im dortigen Totenregister zu vermerken. Wiederholt forderte Wagrain den Schädel wieder zurück, Oberndorf stützte sich aber stets auf die obige Entscheidung.

Der verstorbene Oberndorfer Historiker Dr. Josef Gassner (* 5. April 1917 in Werfen, † 8. September 2005 in Oberndorf) schrieb über die Verantwortungsträger der obigen Entscheidung bezüglich Joseph Mohrs Totenschädel: „Diese Verantwortungsträger haben nicht nur den geweihten Aufführungsort des Stille-Nacht-Liedes ausradiert. Auch die altehrwürdige St. Nikola-Kirche war keineswegs so baufällig, dass sie hätte vollständig abgerissen werden müssen. Zumindest der romanische Turmstumpf hätte erhalten werden können."

Dr. Gassner formulierte es so: „Der Kirchenabriss war unvernünftig und unverzeihlich! Es waren vermutlich dieselben „Ehrenmänner" von kirchlicher Seite, angeführt von Pfarrer Max Fellacher." Jener Pfarrer Max Fellacher verstarb am 22. Februar 1942 im Alter von 78 Jahren in Oberndorf.

15. Kapitel: Die Stille-Nacht-Gedächtniskapelle entsteht

Rund um den Globus bekannt ist die Stille-Nacht-Gedächtniskapelle in Oberndorf. Besonders beliebt ist sie bei den Amerikanern – ob diese allerdings wissen, dass unser liebstes Weihnachtslied gar nicht in der Kapelle uraufgeführt wurde? Wie dem auch sei – die Baugeschichte der Kapelle war mit etlichen Problemen behaftet. Denn die Kapelle steht am selben Ort wie die alte St.-Nikola-Kirche. Lehrer Franz Müller hatte schon während der Kirchendemolierung den Vorschlag gemacht, den Turmstumpf in eine Gedächtniskapelle umzubauen.
Die Gruppe der Befürworter mit Lehrer Franz Müller und Architekt Josef Dietzinger ließ sich zusammen mit den Proponenten Kirschbichler, Mairoll, Percht, Dr. Müller, Pfößß, Armstorfer und anderen vom Vorhaben, dem Bau einer Stille-Nacht-Gedächtniskapelle, nicht mehr abbringen. Ursprünglich hieß die Kapelle übrigens „Gruber-Mohr-Gedächtniskapelle". Zu jener Zeit gab es wohl keine Persönlichkeiten, Gewerbetreibenden oder Institutionen, die nicht bezüglich einer Spende für die Kapelle angesprochen wurden.
Unter der Federführung des Heimatschriftstellers Michael Gundringer und des Architekten Dietzinger wurde am 16.5.1924 ein Denkmalkomitee gegründet. Oberlehrer Müller wurde 1. Vorstand mit seinen Kollegen Architekt Josef Dietzinger, Bürgermeister Maier und Michael Gundringer. Für das Vorhaben gab es viele Unterstützer, wie den Landeshauptmann von Oberösterreich, den Bischof von Linz, Bürgermeister Preis von Salzburg, Landeshauptmann von Salzburg Dr. Rehrl, Pater Klotz vom Stift St. Peter sowie den Fürsterzbischof Ignatius Rieder von Salzburg, die Bürgermeister der Umlandgemeinden, die Stadt Laufen und den gesamten Rupertiwinkel. Die Besprechungen des Unterstützungsausschusses fanden unverzüglich statt und so erzielte man bald Fortschritte zur Umsetzung.

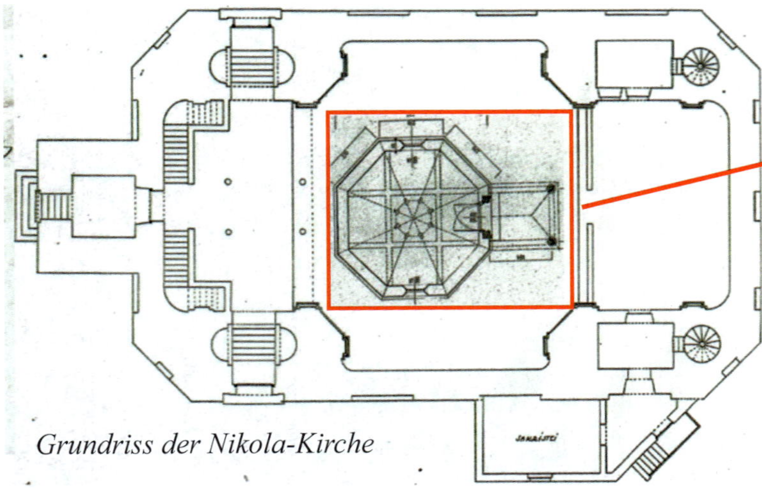

Grundriss der Nikola-Kirche

Modell der „Gruber-Mohr-Gedächtniskapelle“

Der heimische Bildhauer Robert Brandstätter fertigte nach einem Entwurf von Architekt Dietzinger ein Modell der geplanten „Gruber-Mohr-Gedächtniskapelle“ nach dem Vorbild der Laufener Michaelskapelle an.

Einige Jahre war das Modell im Dom zu Salzburg aufgestellt. Beim großen Sängerfest des ostmärkischen Sängerbundes erhielt das Modell große Aufmerksamkeit. Natürlich kamen auch entsprechende Spenden zusammen. Allein das Spendenaufkommen erbrachte 36.669.330 Kronen.

Die größte Spende kam von der Stiegl-Brauerei Salzburg mit 300.000 Kronen, ferner ergaben die D-Mark-Spenden umgerechnet 1.557.000 Kronen. Tatsächlich war dann „nur“ noch ein gutes Drittel des erforderlichen Betrags zu begleichen. Der Unterstützungsausschuss konnte nun zur Grundsteinlegung am 15. August 1924 einladen.

Foto Archiv Lämmermeyer

Architektonisches Vorbild: Die Laufener Michaelskapelle

Die St. Michaelskapelle in Laufen diente, wie unschwer ersichtlich ist, als architektonisches Vorbild für den Bau der Stille-Nacht-Kapelle in Oberndorf. Die Michaelskapelle grenzt südwestlich an die Stiftskirche, verbunden durch den Kreuzgang. Die Pfarr- und Stiftskirche Mariä Himmelfahrt in Laufen gilt als die älteste gotische Hallenkirche Bayerns. Der monumentale Kirchenbau wird von einem kreuzgangähnlichen Bogengang umschlossen, der ab dem 15. Jahrhundert als Grablege des wohlhabenden Bürgertums und Adels der alten Schiffer- und Handelsstadt entstand.

Festakt zur Grundsteinlegung

Der Festakt zur Grundsteinlegung zum Bau der Stille-Nacht-Gedächtniskapelle fand am Freitag, 15. August 1924 statt. Gleichzeitig holte man die Stille-Nacht-Jahrhundertfeier von 1918 nach, die in jenem Jahr wegen des 2. Weltkrieges ausfallen hatte müssen.

1818 1918|24

Fest-Programm zur Jahrhundert-Feier

„Stille Nacht! Heilige Nacht!"

Freitag, den 15. August 1924:

5 Uhr früh: Böllerschüsse, Fanfaren vom Kirchturme.
Halb 10 Uhr vormittags Eröffnung der Oberndorfer Dult durch Fanfaren und den ratsherrlichen Ausrufer in Alt-, Neu-Oberndorf und Laufen (Stadtplatz).
11 bis 12 Uhr Platzmusik beim Kriegerdenkmal.
2 bis 3 Uhr Platzmusik bei der Reichsbrücke und Bauernbräuplatz.
3 Uhr nachm.: Vorführung des Hansl- und Gretlspieles, (ein uralter Sonnenwendbrauch der Schöffleute) auf der Salzach.
4 Uhr nachm: Konzert der Bürgermusik Oberndorf im Gasthof Grubmüller.
6 Uhr abends Freilichtspiel auf dem Kirchenplatz:

Wie das Lied „Stille Nacht! Heilige Nacht!" entstand
Ein Salzburgisches Volksstück mit Gesang in 7 Bildern von Mich. Gundringer.

Fest-Programm:

Am Freitag, 15. August 1924:

Als Festgäste waren anwesend:
Bürgermeister der Stadt Salzburg, Josef Preis, Pater Peter Klotz OSB Stift St. Peter, weitere Ehrengäste.
Festaufführung von Michael Gundringers „Stille-Nacht“-Theaterstück auf der Festbühne vor der Pfarrkirche in Oberndorf.

Am Samstag, 16. August 1924:

Am Vormittag feierten alle Beteiligten in der Pfarrkirche zu Ehren der beiden Schöpfer ein Requiem. Am Nachmittag gegen 16 Uhr kamen weitere Ehrengäste, an der Spitze Landeshauptmann Dr. Franz Rehrl (1890-1947), mit einem Prunkschiffer der Schiffergarde Oberndorf. Um 19 Uhr war nochmals die „Stille-Nacht“-Aufführung geboten.
Hierauf folgte ein in Oberndorf und Laufen noch nie da gewesenes Lichterschauspiel mit prächtigem Feuerwerk, welches vom Kirchturm der Pfarrkirche St. Nikolaus abgefeuert wurde. Das gemeinsame Glockengeläute der Oberndorfer und Laufener Kirchen und die Klänge beider Musikkapellen brachte die Feststimmung auf den Höhepunkt.
Ein plötzlich hereinbrechender Sturm mit heftigen Regengüssen beendete die Veranstaltung schlagartig.

Am Sonntag, 17. August 1924:

Festtag mit Grundsteinlegung zum Bau der Stille-Nacht-Gedächtniskapelle.
Zur Aufstellung des Festzuges vom Sportplatz in Neu-Oberndorf zum Grundsteinlegungsort in Alt-Oberndorf fanden sich die Festgäste ein. Es folgte eine Offiziersvertretung der Bürgergarde von Wels, die Antheringer Prangerstutzenschützen, die Halleiner Liedertafel sowie die örtlichen Vereine von Laufen und Oberndorf. Inmitten einer Schar weiß gekleideter Mädchen trugen sechs alte Schiffer in Uniform das Modell des „Weltfriedenskirchleins“ zum Festplatz.
Um 10.30 Uhr fand dann die Grundsteinlegung statt. Die Festrede hielt Prof. Feichtlbauer aus Salzburg.
Ebenfalls anwesend war Prof. Felix Gruber, der Enkel des Komponisten, der dem Festkomitee für seine Bemühungen dankte.

Auszug aus dem Protokollbuch zur Errichtung der Kapelle.

Der Festakt – ein finanzielles Fiasko

Die Feierlichkeiten zur Grundsteinlegung brachten leider nur einen finanziellen Verlust, dabei hätte es doch ein finanzieller Start zum Bau der Kapelle werden sollen. Auf dem Höhepunkt der damaligen Inflationszeit kam am 1.1.1925 noch die eklatante Geldabwertung dazu, so dass mit der Geld- und Materialbeschaffung wieder ganz von vorne begonnen werden musste. Erschwerend kam hinzu, dass auch für das Bronzerelief „Gruber-Mohr" Geldmittel nötig waren. So liefen von 1925-1928 zwei Spendensammlungen.

Bürgermeister Pföß richtete seinen Spendenaufruf vom 24.10.1928 ganz besonders an die Sängerschar:
„Deutsche Sangesbrüder und Schwestern! Ihr seid berufen, die Pflege des deutschen Volksliedes zu sein und ihre Schöpfer vor Vergessenheit zu bewahren. Groß ist Eure Zahl und mächtig fasst Euer Bund die Deutschen in allen Weltteilen zusammen, was durch das glänzende Wiener Bundesfest bewiesen wurde."

Der Bürgermeister gab dabei bekannt, dass die vorhandenen Geld- und Materialmittel nur zur Errichtung des „hochwassersicheren Fundamentes" reichten, welches noch im November des gleichen Jahres begonnen wurde. Der Unterbau reicht 2,3 m in den Schuttkegel. Die dafür benötigten Quadersteine stellte das Bundesministerium für Land- und Forstwirtschaft vom Abbruch der Gasslmauer mit Bemerkung „ausnahmsweise kostenlos" zur Verfügung, damit daraus keinerlei Beispielsfolgerungen geschlossen werden konnten.

Der Aufruf erbrachte eine Geldsumme von 12.965,85 Schilling. Die Beiträge kamen aus New York, Brooklyn, Riga, Regensburg und von einer Sammlung in der Münchner Frauenkirche. In Oberndorf konnte durch Schilling- oder Groschen-Spenden die Summe von 1417,20 Schilling gesammelt werden. Ganz besondere Unterstützung erfuhr das Baukomitee unter Bürgermeister Pföß, Architekt Josef Dietzinger, Baumeister Mittermayrs Erbin, Lehrer Franz Schwenke als Schriftwart von Hofrat Prof. Viktor Kehldorfer, dem Ehrenchormeister des Ostmärkischen Sängerbundes in Wien. Nicht nur die Tausenderspenden aus den Sängerkreisen, auch die beratende Funktion des Architekten Josef Dietzinger bei der Innengestaltung durfte in Anspruch genommen werden. In der immer noch drückenden Geldnot half Lehrer Josef Schmiedmeier der Gemeinde mit 1.500 Schilling in Goldwert aus, bekam davon 1931 wieder 1.000 Schilling zurück und gab die restlichen 500 Schilling als Spende.

1930 konnte man den Rohbau samt Dach fertigstellen. Der zweite Spendenaufruf der Gemeinde folgte.
1931 erfolgte die Fertigstellung der Treppenanlagen. Aus Sparsamkeitsgründen wurde die monumentale Außengestaltung fallengelassen und dafür die Umgebung in „volkstümlicher" Art als Hügel aufgefüllt.
Die Fensternische rechts vom Altar war dafür vorgesehen, Joseph Mohrs Gitarre und eine Originalschrift des Liedes auszustellen. Tatsächlich gezeigt wurde darin einige Zeit aber die Spenderliste samt Dankschrift.

Fürsterzbischof Ignatius Rieder unterstützt den Bau

Erzbischof Ignatius Rieder
Gemälde hängt im Foyer zur Kajetanerkirche

Rohbauarbeiten 1928-1930

Fürsterzbischof Ignatius Rieder war ein großer Fürsprecher und Unterstützer der Stille-Nacht-Kapelle. Er befürwortete mit einem Schreiben vom 28.8.1924 den Bau der Kapelle wärmstens. Dies gab dem Vorhaben zur rechten Zeit einen richtigen Schub nach vorne. Fast gleichzeitig konnte Pfarrer Fellacher für das Baukomitee gewonnen werden, wodurch die 20 Jahre dauernden Feindseligkeiten wohl bereinigt waren. 1936 wurde nochmals ein Spendenaufruf gestartet, im Besonderen für die Ausstattung der Kapelle.

Außen- und Innenausstattung der Kapelle

Die ursprüngliche Kostenberechnung der Kapelle, ohne Innenausstattung, wurde mit 4.000 Schilling angenommen. Der vorläufige und leider nicht exakte Rechnungsabschluss von 1936 weist Ausgaben von rund 14.000 Schilling und glücklicherweise fast eben so hohe Einnahmen aus.

Prof. Kehldorfer indessen wurde der zähe Baufortschritt zu verdrießlich, und so bat er im Dezember 1935 den Architekten Dietzinger um Entlassung aus seiner Beraterfunktion. Ein schmerzlicher Verlust, denn die Einweihung war bereits für den 18. Oktober 1936 geplant. Dietzinger ließ jedoch nicht locker und entschuldigte die Verzögerungen damit, dass Herr Oberlehrer Franz Schwenke die Post oft lange herumtrage, nicht weiterleite und andererseits auch immer der Gemeindeausschuss mit den einzelnen Belangen zu befassen sei. Somit konnte Prof. Kelhldorfer noch einmal umgestimmt werden, zumal ja die Einweihung auch schon kurz bevorstand.

Mit Ausnahme der Lärchenschindeln, die der Rauschenbauer aus Melleck lieferte, kamen sämtliche Holzspenden 1936 für Innenbalken und Bestuhlung von der Gemeinde selbst, dem Kainzbauer, Fürst Auersperg, Matthias Felber und Hagmüller von der Lindach sowie Dechant Neureiter von St. Georgen. Sämtliche Tischlerarbeiten innen verrichtete Hans Wimmer, heute Hillebrand. Die Bau- und Maurerarbeiten verrichtete die Firma Mittermayer.

März 1936: Das Komitee startet einen neuerlichen Spendenaufruf. Die Vaterländische Front spendete 850 Schilling, was ein Weiterarbeiten möglich machte. Nun galt es, die beiden Seiten- und das Rundfenster oberhalb der Tür herbeizuschaffen. Diesen Auftrag führte die „Tiroler Glasmalerei- und Mosaik-Anstalt Neuhauser, Dr. Jele und Co." zu Innsbruck aus.

Nach mehreren Gestaltungs- und Preisvorschlägen (auch von Prof. Kehldorfer) beschloss das Komitee, nicht nur Darstellungen der alten Nikola-Kirche und des Schulhaus von Arnsdorf ins Glas der Seitenfenster einarbeiten zu lassen, sondern auch Portraits von Gruber und Mohr.

Am 25.2.1936 sandte die beauftragte Firma per Bahn die drei Fenster samt genauester Einbaumaße, Instruktionen und den Fenstergittern nach Oberndorf.

Die Gesamtkosten, ohne Fracht- und Versetzarbeiten, beliefen sich auf 730,50 Schilling. Die Mehrkosten für die Portraits von 96 Schilling waren darin schon enthalten. Die Fenster-Entwürfe schufen Kehldorfer und Dietzinger aus Kostengründen auch selbst, diese hätten sonst nochmals 125 Schilling gekostet.

Auch der Altar wurde gespendet

Als man sich mit der Altargestaltung beschäftigte, wollte man den Flügelaltar vom Schifferspital, damals noch im Museum Carolino Augusteum in Salzburg aufbewahrt, aufstellen. Dagegen gab es wegen mangelnder Schutzmöglichkeit großen Widerstand von Seiten des Museums. Die Familie Noppinger war zum Glück bereit, ihren Hausaltar für die Schmückung der Kapelle zu spenden. Hermann Hutter hatte diesen 1915 für deren Hauskapelle für 2.500 Kronen geschnitzt. Der Halleiner Holzbildhauer Max Domenig bot mit Schreiben vom 15.9.1933 seine Dienste an und machte dabei den Vorschlag, den Noppingerschen Altar mit einem Lichterkranz zu umgeben sowie zwei Gruber und Mohr ähnliche, lebensgroße Krippenfiguren seitlich zu postieren. Domenig nannte als geringste Summe für die Figuren 200 Schilling und ergänzte, dass künstlerische Durchführungen sicherlich viel teurer kämen.

Die Predella stammt vom Holzbildhauer Max Domenig

Der gespendete Hausaltar der Familie Noppinger, geschnitzt von Hermann Hutter

Die Fenster der Stille-Nacht-Gedächtniskapelle

Anno 1935 haben der Ostmärkische Wiener Sängerbund und der Wiener Schubertbund die Fenster gestiftet.

Foto G. Veichtlbauer

Ausschnitte aus der Predella

Die Predella ist in christlichen Kirchen ein meist hölzerner, flacher Sockel auf der Altarmensa, der ein Retabel (Altarbild) trägt. Manchmal hatte die kastenartig gebaute Predella zusätzlich die Funktion eines Reliquienschreins.

Ausschnitt aus der Predella der Stille-Nacht-Kapelle mit dem Motiv „Anbetung der Hl. Drei Könige"

Ausschnitt aus der Predella der Stille-Nacht-Kapelle mit dem Motiv „Maria und Johannes unter dem Kreuz"

16. Kapitel: Einweihung der Gruber-Mohr-Gedächtniskapelle 1937

Originalplakat vom 15. August 1937

Am 15. August 1937 wurde die Gruber-Mohr-Gedächtnis-Kapelle in Oberndorf bei Salzburg eingeweiht.

Bundeskanzler Dr. Kurt von Schuschnigg, Landeshauptmann Dr. Franz Rehrl, Weihbischof Dr. Johannes Filzer mit weiteren Ehrengästen erwiesen mit ihrer Teilnahme den Schöpfern des Liedes und Oberndorf eine besondere Ehre.

Empfang des Bundeskanzlers Dr. Kurt von Schuschnigg mit dem Landeshauptmann von Salzburg, Dr. Franz Rehrl

Begrüßung des Bundeskanzlers Dr. Kurt von Schuschnigg durch ein Mädchen aus Oberndorf

Aufgrund der zu jener Zeit politisch unsicheren Situation wurden für auswärtige Besucher Passierscheine ausgegeben, auf denen die Auto-, Motorrad- oder Fahrradnummer vermerkt wurde. Man trug dort zudem ein, ob Ein- oder Zweispänner, eine der vier Himmelsrichtungen und die Uhrzeit. Darüber hinaus wurden natürlich Eintrittskarten verkauft.

Für die Überwachung wurde die Oberndorfer Gendarmerie mit Kollegen aus Salzburg verstärkt.

Der Festakt mit Bundeskanzler Kurt von Schuschnigg

Die politische Lage zur Zeit der Kapellen-Eröffnung ist eine schwierige. Dr. Kurt von Schuschnigg war vom 29.7.1934 bis 11.3.1938 Bundeskanzler von Österreich. Er setzte die autoritäre Staatsführung seines Vorgängers Engelbert Dollfuß fort. Auch Schuschnigg stand unter starkem Druck durch Nazi-Deutschland. Nach Ausschaltung der Heimwehr wurde Schuschnigg 1936 Bundesführer der Vaterländischen Front und versuchte durch das Juliabkommen 1936 und das Berchtesgadener Abkommen vom 12.2.1938 die Unabhängigkeit Österreichs zu sichern.

Am 9.3.1938 setzte Schuschnigg für den 13.3.1938 eine Volksabstimmung an, die dem Einmarsch deutscher Truppen (Anschluss) zuvor kam. Am 11.3.1938 trat er unter starkem Druck Nazi-Deutschlands zurück und war bis 1945 inhaftiert.1948 wanderte Schuschnigg in die USA aus, war 1948-1967 Professor für Staatsrecht an der Universität St. Louis und kehrte dann nach Tirol zurück. Er starb am 18.11.1977 in Mutters (Tirol).

Sicherlich wird der Bundeskanzler auch politische Gedanken zur Einweihung der Stille-Nacht-Gedächtniskapelle mitgenommen haben. Auch ein Attentat war nicht auszuschließen, die Grenze zu Nazi-Deutschland war nur 300 m vom Kriegerdenkmal entfernt. Vielleicht gab ihm das 12. Infanterieregiment und die positive Stimmung des Festakts Kraft und Sicherheit, an den Feierlichkeiten teilzunehmen.

Festakt mit Bundeskanzler Kurt von Schuschnigg (Mitte) und rechts Weihbischof Dr. J. Filzer

Durch die Kranzniederlegung sendete der Bundeskanzler Schuschnigg ein klares Signal an das Österreichische Volk, es gilt den Anschluss an Nazideutschland zu verhindern.

Christliches Andenken
an unseren unvergeßlichen Bundeskanzler

Dr. Engelbert Dollfuß

welcher am 25. Juli 1934 um etwa ³⁄₄4 Uhr nachmittags sein nur der Pflicht und dem Glücke seines Vaterlandes gewidmetes Leben unter Mörderhänden für sein geliebtes Österreich dahingab. Er stand im 42. Lebensjahre.

Herr, gib deinem Diener **Engelbert** die ewige Ruhe und das ewige Licht leuchte ihm. Herr, lasse ihn ruhen in Frieden. Amen. Vater unser.

Preßverein Linz.

Nach der Ermordung des Bundeskanzlers Engelbert Dollfuß am 25.7.1934 hat die Vaterländische Front-Gruppe Oberndorf/Sbg. für ihn eine Gedenktafel am Kriegerdenkmal angebracht.

Ablauf der Feierlichkeiten im Starkregen

Die Begrüßungsansprache vor der Kapelle übernahm Rechtsanwalt Dr. Holzer. Die Festrede hielt Prof. Viktor Kehldorfer, die Weihe nahm Bischof Johannes Filzer vor.

Ein Vielfaches des üblichen Schnürlregens beeinträchtigte die Veranstaltung ganz enorm. Um wenigstens einigen der Ehrengäste bei der Kapelle Regenschutz zu bieten, hatte man mit vier Holzstehern und einer Plastikfolie versucht, den ärgsten Regen abzufangen.

Die Konstruktion war nicht nur zu flach, sondern auch viel zu schwach, und so brach plötzlich ein ganzer Wassersack auf die Obrigkeiten herunter. Die Herrschaften waren durchnässt und nicht mehr bereit, die beim Noppinger Bräu hergerichtete Speisetafel zu beanspruchen. Sie kehrten nur noch kurz beim Grubmüller ein, um mit dem nächsten Zug wieder abzureisen. Für den Noppinger Bräu war dies ein großer Schaden. Die durch den Regen verursachte geringe Besucherzahl brachte auch dem Veranstalter große Verluste ein.

Vorplatz der 1937 neu erbauten Stille-Nacht-Gedächtniskapelle: Direkt an der Kapelle die Prominenz, unterhalb die Zuschauer mit ihren Regenschirmen

Der besinnlichste und ergreifendste Augenblick der Veranstaltung:
Alle anwesenden Gäste singen gemeinsam das Lied „Stille Nacht, heilige Nacht“, dirigiert von Prof. Felix Gruber, dem Enkel von F. X. Gruber.

Festabzeichen vom Eröffnungs- und Einweihungstag der Gedächtniskapelle am 15.08.1937

Kanzler Schuschnigg (links) und Landeshauptmann Rehrl (rechts) verlassen völlig durchnässt schnellen Schrittes die Kapelle und fahren mit dem nächsten Zug nach Salzburg und Schuschnigg weiter nach Wien zurück.

17. Kapitel: Zeitzeugen von 1937 erzählen

Es gibt kaum noch Zeitzeugen aus Oberndorf, welche sich an den Bau der Stille-Nacht-Gedächtniskapelle 1937 erinnern können. Berta Meisthuber, Jahrgang 1923 aus Oberndorf ist die Urenkelin vom Gründer der FF-Oberndorf Karl Billehart. Sie kann sich noch gut an diesen Tag entsinnen und erzählte dem Autor dieses Buches mit temperamentvoller Stimme:

„Ich kann mich noch sehr gut an den Bau der Kapelle erinnern, da ich mit meiner Familie unmittelbar an der Baustelle wohnte. Als Kind habe ich dort des öfteren mit meinen Schulkameraden gespielt.“ Noch mehr Details sind ihr leider nicht in Erinnerung. Jedoch blieb ihr der Einweihungstag der Kapelle, der 15. August 1937, gut im Gedächtnis: „Es war ein Tag, an dem sich in Oberndorf viele Menschen bewegten. Die Häuser waren festtäglich geschmückt, die Straßen zur Kapelle waren links und rechts gesäumt mit vielen Zuschauern.“ Woran sich Frau Meisthuber am besten erinnern konnte, war der fürchterliche Regen, der die Veranstaltung sehr behinderte.
Sie freue sich schon sehr auf die 200 Jahr-Feier am 24.12.2018.
Leider verstarb Berta Meisthuber am 21.5.2018 im Alter von 95 Jahren.

1949:
Berta Meisthuber mit 26 Jahren vor der Stille-Nacht-Kapelle

Fronleichnam 1958:
Ehrenobfrau Berta Meisthuber mit der Goldhaubengruppe Oberndorf.

2012: „75 Jahre Stille-Nacht-Kapelle“:
Berta Meisthuber – sie war bereits 1937 als kleines Mädchen bei der Einweihung der Kapelle dabei. Von links: Bgm. Peter Schröder und LH-Stv. Wilfried Haslauer bei der feierlichen Enthüllung des Reliefs.

Zeitzeugen der 50-Jahr-Feier 1987 – Auszug aus der Festschrift

Franz Standl

Da ich in der Nähe wohnte, beobachtete ich den Baufortschritt, der eher zögernd war, da nur wenig Geld vorhanden war. Beton und Mörtel mussten zu dieser Zeit ja noch von Hand aus gemischt werden. Das Aufschüttmaterial wurde von der Thomerlbauern-Schottergrube mit dem Fuhrunternehmen Kletzl und Wagen der Brauerei Noppinger transportiert. Die Bevölkerung hatte vor Baubeginn die Möglichkeit, die zukünftige Kapelle anhand von ausgestellten Zeichnungen zu betrachten. Am Bau waren die Maurer Lederer und Rieder beschäftigt. Architekt Dietzinger hat den Plan verfasst, Baumeister Mittermayer war die Baufirma."

Katharina Noppinger

„Monate vor dem großen Ereignis, der Einweihung der Gedächtniskapelle, sprach ganz Oberndorf nur vom Fest. Es war ein großes Ereignis, dass der Bundeskanzler angesagt war. Dementsprechend richteten wir auch das Festbankett aus. Sieben Kellnerinnen waren extra noch bestellt für die 140 angesagten Gäste. Es gab Bisquitschöberlsuppe, Leberknödel, verschiedene Braten, Hähnchen und Salate. Besonders gelobt wurde unser Kaffee, der mit verschiedenen Torten gereicht wurde. Leider kamen wegen des schlechten Wetters und des Malheurs nicht so viele Gäste wie wir erwartet hatten."

Alois Niedermayr

Der Archivar des Schifferschützen-Corps und Betreuer des Stille-Nacht-Bezirks war siebzehn Jahre alt, als die Kapelle eingeweiht wurde. Er erinnerte sich daran, dass der Bau der Kapelle ohne große Aufmerksamkeit der Bewohner vor sich ging. Gut in Erinnerung ist dem Zeitzeugen der Bildhauer Hutter, der das Altarrelief schuf. Der Künstler bewohnte die sogenannte Wimmermühle, ein Holzhaus am Oberndorfer Bach nördlich der Kapelle.

Weihnachtskarte 1938:

Das Lied „Stille Nacht, heilige Nacht“ wurde von Nazi-Deutschland mit einem einfachen Satz vereinnahmt: „Das deutsche Weihnachtslied aus Österreichs Bergen“

18. Kapitel: Nachbau der Stille-Nacht-Kapelle in den USA

Familie Bronner aus Amerika hat mit Genehmigung der Stadt Oberndorf in Frankenmuth/Michigan (USA) eine Kopie der Stille-Nacht-Kapelle errichtet.
Anlässlich des 50-jährigen Bestehens der Stille-Nacht-Kapelle fand am 15.8.1987 eine Feierstunde statt. Aus Frankenmuth kam der amerikanische Geschäftsmann Wallace Bronner nach Oberndorf und ersuchte Bürgermeister Dr. Traintinger, die Kapelle im Maßstab 1:1 nachbauen zu dürfen und in seinem Geschäftsgebiet aufstellen zu dürfen. Traintinger sagte nicht nein; zu verhindern wäre es wohl nicht gewesen. Eine Zusammenarbeit für beide Seiten erschien somit günstiger. Da keine Originalpläne mehr vorhanden waren, durfte Bauamtsleiter Ing. Werner Pöschl diese Arbeit nachholen.

Für Wallace Bronner, der ein großer Hersteller von Weihnachtsschmuck in all seinen typisch amerikanischen Variationen ist, war es keinerlei finanzieller Problemposten, sondern ein reizvoller Werbeeffekt. Auch an die getroffenen Vereinbarungen, in den USA keinen Sakralbau zu errichten, hielt sich Bronner und so wurde im November 1992, im Beisein von Altbürgermeister Dr. Raimund Traintinger, die Nachbildung eröffnet.
Die neue Attraktion im Christmas-Wonderland, eine Art Weihnachts-Disneyland, ist somit die zweite Nachbildung. Einige Jahre früher hat die HTL Salzburg bereits ein Modell im Maßstab 1:25 für den Minimunduspark in Klagenfurt angefertigt.

Bronners Christmas Wonderland in Frankenmuth/Michigan, USA

Dr. Raimund Traintinger und Wallace Bronner
rechts: Mit seiner Familie zu Besuch in Oberndorf

19. Kapitel: Hohe Besuche bei der Stille-Nacht-Kapelle

Der Ort, an dem die Stille-Nacht-Gedächtnis-Kapelle steht, gilt seit Jahrhunderten als Kraftplatz. Dies spüren auch die Besucher. Vor Christi Geburt hatten sich dort die Kelten und später die Römer angesiedelt. Schon die erste Nikola-Kirche wurde 1160 dort gebaut, nach der Zerstörung durch den Brand hat man auch die zweite Nikola-Kirche hier errichtet. Und schließlich hat man auf dem Schutt der abgebrochenen Kirche 1937 die Stille-Nacht-Kapelle gebaut. Nach der Einweihung der Stille-Nacht-Gedächtnis-Kapelle im Beisein des Österreichischen Bundeskanzlers Dr. Kurt von Schuschnigg, begann nach dem 2. Weltkrieg eine Tradition, dass Bundeskanzler, Bundespräsident oder Landeshauptmann in Oberndorf die Stille-Nacht-Kapelle besuchen. Blättern Sie durch die Foto-Chronik; leider ist nicht von allen Fotos das Aufnahme-Datum bekannt.

DDr. Hans Lechner
Landeshauptmann von Sbg.,
war ein Agrarwissenschaftler,
Jurist und Politiker (ÖVP)

Dr. Josef Klaus (ÖVP)
Bundeskanzler (1968)

1969: Unterrichtsminister Dr. Alois Mock (rechts)
mit Landeshauptmann Stellvertreter
Karl Steinocher (links)

Bundeskanzler
Wolfgang Schüssel (rechts)
mit Landeshauptmann Dr. Katschthaler (links)

3.5.2002 (von links)
Die Freundschaft Bayerns mit Salzburg wird durch den Besuch von Bürgermeister Herzog, Laufen, Landeshauptmann Dr. Schausberger, Salzburg, Dr. Goppel, Staatsminister aus München und Bgm. Kienzl von Oberndorf gefestigt.

Besuch des Österr. Bundespräsidenten Dr. Rudolf Kirchschläger (1974-1986, parteilos), am 16.04.2002 im Rahmen der 700-Jahr-Feierlichkeiten des Schifferschützen-Corps Oberndorf.

Im Stille-Nacht-Bezirk wird der Österr. Bundespräsident Dr. Rudolf Kirchschläger vom Salzburger Landeshauptmann Dr. Wilfried Hauslauer und dem Oberndorfer Bgm. Dr. Raimund Traintinger herzlich begrüßt. Der Weg führte zuerst in die Stille-Nacht-Gedächtniskapelle, mit Niederlegung eines Gesteckes. Der hohe Gast verblieb hier einige Zeit im stillen Gedenken.

Der Österreichische Bundespräsident Dr. Rudolf Kirchschläger (* 20.3.1915, † 30. 3.2000), begrüßt den Pfarrer von Oberndorf, Geistl. Rat Josef Rosenstatter sowie den Museumskustos Herbert Lämmermeyer, der dem hohen Gast geschichtliche Hintergründe zum Lied „Stille Nacht“ erzählt. Es folgt eine gemeinsame Stärkung: Weißwürste, Brezen und ein gutes Bier. So ähnlich verliefen auch die Besuche mit anderen Persönlichkeiten. „Stille Nacht“ verbindet einfach die Menschen.

Foto Archiv H. Lämmermeyer

Bundespräsident Dr. Kurt Waldheim besucht mit seiner Frau die Stille-Nacht-Gedächtniskapelle. Begrüßt wird der Präsident vom Salzburger Landeshauptmann Wilfried Haslauer sen. (links), daneben stv. Bgm. Andreas Kienzl und Bürgermeister Dr. Raimund Traintinger. Am 8. Juni 1986 wurde Dr. Waldheim als Kandidat der ÖVP zum österreichischen Bundespräsidenten (1986-1992) gewählt. Dr. Kurt Waldheims Amtszeit endete am 8. Juli 1992.

2008:
Der Autor dieses Buches überreicht dem österreichischen Bundespräsidenten zu seinem 70. Geburtstag eine Mappe mit Zeitdokumenten.

(rechts) Oberndorfs Bürgermeister Peter Schröder.

Der Bundespräsident Dr. Heinz Fischer besuchte 2008 mit seiner Frau Margit Oberndorf und zum zweiten Mal anlässlich des150-Jahr-Jubiläums der Feuerwehr Oberndorf 2014.

6. *März 2018: Audienz von Landeshauptmann Dr. Wilfried Haslauer und Bundeskanzler Sebastian Kurz bei Papst Franziskus im Vatikan*

Foto: Dragan Tatic

Ein ganz besonders hoher Besuch fehlt freilich noch in der langen Liste an Persönlichkeiten, die der Stille-Nacht-Kapelle in Oberndorf bereits ihre Ehre erwiesen haben: Darum hat Landeshauptmann Dr. Wilfried Haslauer anlässlich des 200-Jahr-Jubiläums des Liedes „Stille Nacht, heilige Nacht“ bereits im März 2018 Papst Franziskus nach Salzburg eingeladen. Die Gelegenheit zu dieser Einladung hatte sich im Rahmen einer Delegation unter der Führung von Bundeskanzler Sebastian Kurz ergeben, welche den Papst persönlich treffen konnte.

Dr. Wilfried Haslauer äußerte sich direkt nach der Einladung: „Anlässlich des vor 200 Jahren in Oberndorf bei Salzburg entstandenen Liedes Stille Nacht, heilige Nacht und seiner universellen Friedensbotschaft freut es mich sehr, dass ich heute den Heiligen Vater, Papst Franziskus, persönlich informieren und unsere Einladung nach Salzburg in seine Hände übergeben konnte. Das im Salzburger Land, in Oberndorf, entstandene Weihnachtslied ist nicht nur weltweit bekannt, es ist auch von der UNESCO als immaterielles Kulturerbe anerkannt.“

Papst Franziskus habe die Einladung sowie ein Faksimile des Autographen Franz Xaver Grubers und Joseph Mohrs wohlwollend entgegengenommen und sich herzlich dafür bedankt. Auf die Einladung hatte er nicht direkt zu- oder abgesagt. Zwei Monate später, im Mai 2018, folgte die Enttäuschung für alle Beteiligten und sicherlich auch für jeden, der den Papst einmal persönlich in Salzburg oder Oberndorf zu sehen gehofft hatte: In einem vom Staatssekretariat des Vatikans eingelangten Schreiben teilt Erzbischof Angelo Becciu im Auftrag von Papst Franziskus mit, dass ein Salzburg-Besuch des Heiligen Vaters aufgrund bestehender Planungen leider nicht möglich sei. Papst Franziskus werde die Jubiläumsfeierlichkeiten aber im Gebet begleiten.

Eine Idee möchte der Autor mit jedem Leser dieses Buchs teilen – womöglich wird sie eines Tages Wirklichkeit: Es geht um Joseph Mohr. Im Zusammenhang mit „Stille Nacht" wird der bescheidene Textdichter, sozial engagierte Armeleutepfarrer und gläubige Vikar oftmals vergessen.

Als er 1819 Oberndorf verließ, musste er eine Reihe wechselnder Aushilfsstellen besetzen. Es ist davon auszugehen, dass ihn die Kirche mit diesem häufigen und anstrengenden Stellenwechsel „bestrafte", weil er ein lediges Kind war. Bei jedem Wetter war er auf einsamen Höfen unterwegs und brachte etwa Sterbenden die letzten Sakramente. Er brach einige Male aufgrund eines Lungenleidens zusammen.

Am 4.12.1848, bei einem Versehgang, erlag er einer schweren Lungenlähmung. Er wurde nur 56 Jahre alt und starb bettelarm. Seinen geringen Verdienst hatte er für die armen Leute gespendet und auch die Jugendlichen mit dem wenigen, was er hatte, unterstützt. Und die Entstehungsgeschichte von „Stille Nacht" mutet auch heute noch wie ein Wunder an.

Sollte man deshalb in diesem denkwürdigen Jahr nicht vielleicht den Papst um die Einleitung eines Seligsprechungs-Verfahrens für den Vikar Joseph Mohr bitten?

Aus Wikipedia: Eine Seligsprechung oder Beatifikation (v. lateinisch beatus: „selig", „glücklich", und facere: „machen", „tun") ist in der römisch-katholischen Kirche ein kirchenrechtliches Verfahren, bei dessen Abschluss der Papst nach entsprechender Prüfung erklärt, dass ein Verstorbener als Seliger bezeichnet werden und als solcher öffentlich verehrt werden darf.
Voraussetzung sind entweder das Martyrium oder ein heroischer Tugendgrad und – im Falle, dass es sich nicht um einen Märtyrer handelt – der Nachweis eines Wunders, das auf die Anrufung des Seligen und dessen Fürsprache bei Gott bewirkt wurde. Im Unterschied zur Heiligsprechung wird bei der Seligsprechung nur die Verehrung durch die Ortskirche gestattet.

20. Kapitel: Der „Stille-Nacht-Bezirk“ heute

Die „Stille-Nacht-Gedächtniskapelle“, errichtet 1937

Das „Stille Nacht Museum“ im renovierten ehemaligen alten Pfarrhof.
Hier wohnte der Vikar Joseph Mohr während seiner Tätigkeit in Oberndorf von 1817- 1819.

MAUERRESTE
DER ALTEN
SCHIFFERKIRCHE
ZU ST. NICOLA

„Vor nahezu 80 Jahren wurde die Stille-Nacht-Kapelle in Oberndorf (Flachgau) geweiht. Das fast 200 Jahre alte Weihnachtslied ist weltberühmt und wird vielerorts gesungen. Wir erinnern mit Wertschätzung und Respekt an die Weihe der Stille-Nacht-Kapelle vor 80 Jahren, am 15. August 1937", betonte Michael Neureiter, Präsident der Stille-Nacht-Gesellschaft, als er kürzlich mit einer Gesellschaft an der kleinen Kapelle einen Kranz niederlegte.
Neureiter fügte hinzu: „Hier stand die Pfarrkirche St. Nikola, in der vor bald 200 Jahren das Lied erstmals erklang. Hier ist heute der Mittelpunkt der weltweiten Wirkung des Lieds."

Stille-Nacht-Kapelle als Pilgerstätte
Noch heute pilgern Touristen, Interessierte und Andächtige zur Kapelle, um den Geist des Liedes von Franz Xaver Gruber und Joseph Mohr zu spüren.

Mauerreste der alten Schifferkirche St. Nikola

Das Mohr-Gruber-Bronzerelief auf den Resten der alten Nikola-Kirche

21. Kapitel: Stille Nacht – Originaltext und gebräuchliche Fassung
Sechs Strophen für die Ewigkeit

Das Lied „Stille Nacht, heilige Nacht" umfasst insgesamt sechs Strophen. Die heute gebräuchliche Chorfassung geht auf den Leipziger Thomaskantor Gustav Schreck (1849-1918) zurück.
Erstmals im Jahr 1951 wurde am Heiligen Abend um 23.00 Uhr eine Gedenkfeier für Joseph Mohr und Franz Xaver Gruber bei der Stille-Nacht-Kapelle in Oberndorf abgehalten. 1952 wurde diese Gedenkfeier anlässlich einer Weltjugend-Weihnachtsfeier um 17.00 Uhr gefeiert.
Bis heute finden sich zur alljährlichen Gedenkfeier am 24. Dezember um 17.00 Uhr vor der Stille-Nacht-Kapelle tausende Menschen aus aller Herren Länder ein, um an der Feier teilzunehmen. Schon traditionell gestaltet die Liedertafel Oberndorf diese Gedenkfeier. Seit dem Jahr 2006 singen am Ende der Gedächtnisfeier zwei Sänger wieder – wie ursprünglich vorgesehen – alle sechs Strophen des Liedes, begleitet von Gitarre und Chor. Sicherlich stimmen alle Anwesenden in den Chor mit ein – sie können gar nicht anders.

Die St.-Nikola-Kirche von Oberndorf zu Zeiten der Uraufführung von „Stille Nacht, heilige Nacht"

Originaltext:

1
Stille Nacht! Heilige Nacht!
Alles schläft. Einsam wacht
Nur das traute heilige Paar.
Holder Knab' im lockigten Haar,
Schlafe in himmlischer Ruh!

2
Stille Nacht! Heilige Nacht!
Gottes Sohn! O! wie lacht
Lieb' aus deinem göttlichen Mund,
Da uns schlägt die rettende Stund'.
Jesus! in deiner Geburt!

3
Stille Nacht! Heilige Nacht!
Die der Welt Heil gebracht,
Aus des Himmels goldenen Höh'n
Uns der Gnade Fülle läßt seh'n
Jesum in Menschengestalt!

4
Stille Nacht! Heilige Nacht!
Wo sich heut alle Macht
Väterlicher Liebe ergoß
Und als Bruder huldvoll umschloß
Jesus die Völker der Welt!

5
Stille Nacht! Heilige Nacht!
Lange schon uns bedacht,
Als der Herr vom Grimme befreit,
In der Väter urgrauer Zeit
Aller Welt Schonung verhieß!

6
Stille Nacht! Heilige Nacht!
Hirten erst kundgemacht
Durch der Engel „Halleluja!"
Tönt es laut bei Ferne und Nah:
„Jesus der Retter ist da!"

Gebräuchliche Fassung
Die allgemein bekannte Form, die zumeist gesungen wird:

1
Stille Nacht! Heilige Nacht!
Alles schläft. Einsam wacht
Nur das traute heilige Paar.
Holder Knab' im lockigten Haar,
Schlafe in himmlischer Ruh!

2
Stille Nacht! Heilige Nacht!
Gottes Sohn! O! wie lacht
Lieb' aus deinem göttlichen Mund,
Da uns schlägt die rettende Stund'.
Jesus! in deiner Geburt!

6
Stille Nacht! Heilige Nacht!
Hirten erst kundgemacht
Durch der Engel „Halleluja!"
Tönt es laut bei Ferne und Nah:
„Jesus der Retter ist da!"

In beiden Fassungen wird jeweils die letzte Zeile wiederholt.

Aus der Broschüre Karl Heinrich Waggerls 1959
„Die Jugend singt Stille Nacht“

Stille Nacht heilige Nacht
nur das traute hoch heilige

Aquarell v. Franz Kulstrunk, Salzburg Museum

Bilder von Franz Kulstrunk

Laufen
Salzach
Salzer Felder
Burger Wiesen und Felder

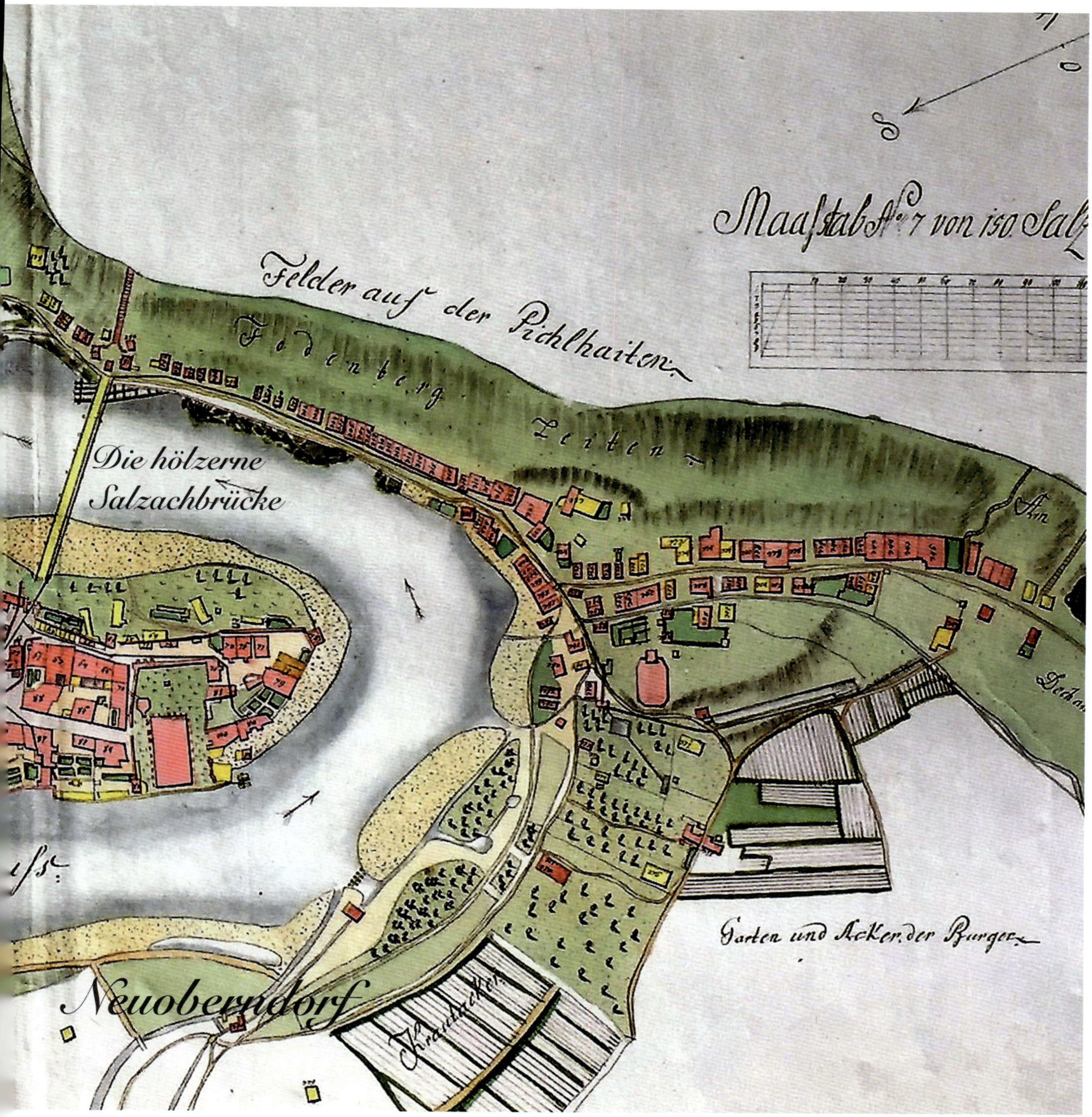

Maaßstab No 7 von 150 Salz
Felder auf der Pichlhaiten
Fodenberg
Leiten
Die hölzerne
Salzachbrücke
Am
Garten und Acker der Burger
Neuoberndorf

vorhergehende Doppelseite

Originalkarte aus dem Nachlass von:

Carl Ehrenbert Freiherr von Moll
* 21. Dezember 1760 in Thalgau, † 31. Jänner 1838 in Augsburg,
war ein Salzburger Jurist und Staatsmann und vor allem ein bedeutender
Naturforscher, Gelehrter und Sammler, überdies Mitbegründer des Münchner Oktoberfestes
Die Originalkarte aus dem Jahr 1790 befindet sich im Besitz der Stadt Laufen (Stadtarchiv)